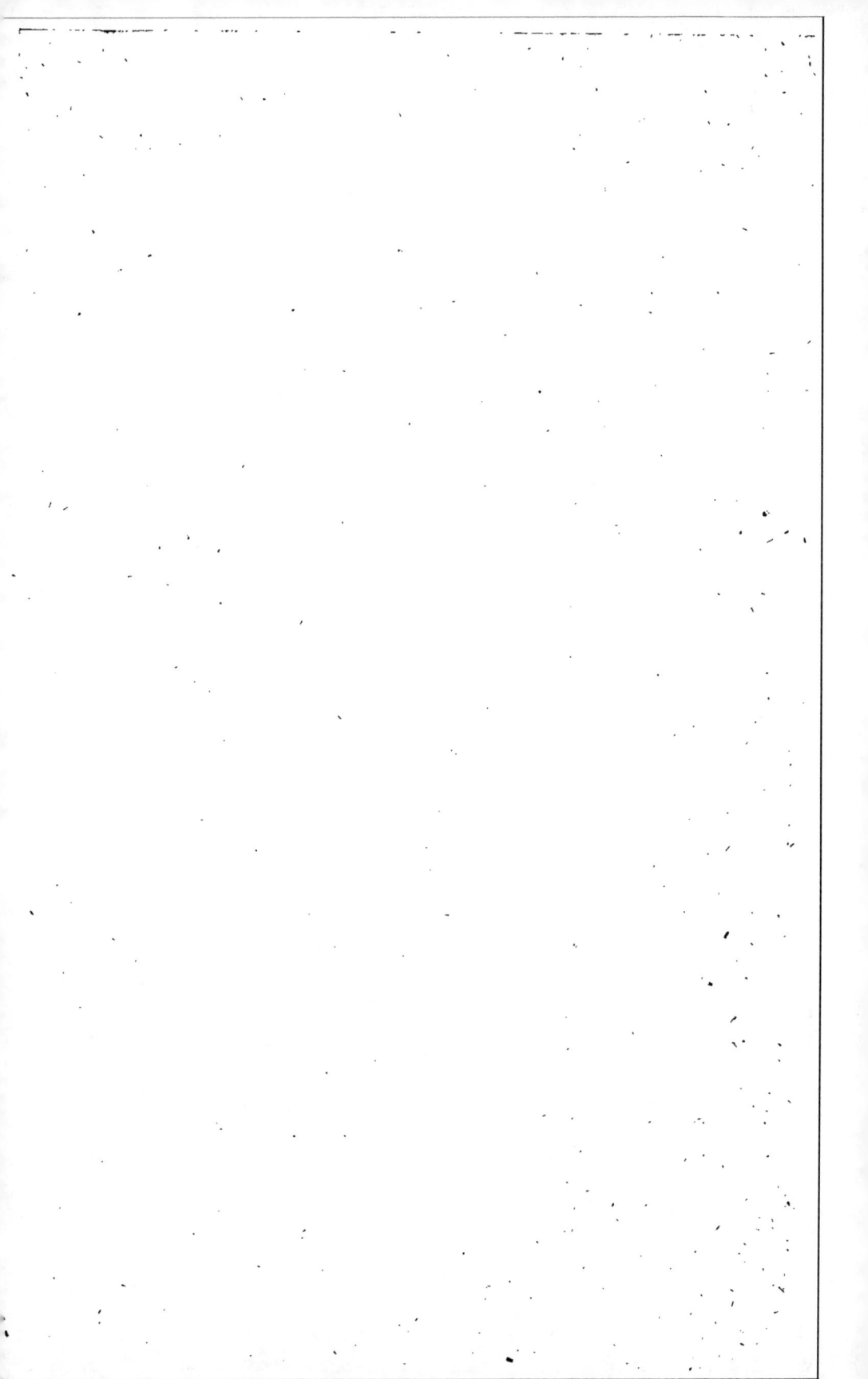

Lk⁷ 1784

No-41
عدد.
۱

CHATEAU

DE CHALUSSET.

DESCRIPTION

ET

DOCUMENTS HISTORIQUES

suivis

De quelques Notes sur l'Eglise de Solignac.

LIMOGES,

CHEZ ARDILLIER FILS, LIBRAIRE-ÉDITEUR, RUE DU CONSULAT, 14.

1851.

DESCRIPTION.

I.

Bien que ruiné depuis long-temps, le château de Châlusset, à trois lieues de Limoges, offre encore dans son plan, dont on retrouve facilement les dispositions principales, un type très curieux à étudier de l'architecture militaire au moyen âge. Il est bâti sur une colline couverte de rochers, qui forme un triangle fort allongé, ayant sa base au sud-ouest. D'un accès déjà très difficile, en raison de l'escarpement de ses pentes, cette colline est encore défendue par deux ruisseaux, la *Bréance* (1) et la Ligoure qui, en se réunissant au nord-est, à la pointe du triangle, en font une espèce de presqu'île étroite. C'est au sud-ouest que le terrain est le plus élevé : de là, il s'abaisse graduellement jusqu'à un pont, dont on voit encore les ruines dans le lit de la Bréance. En examinant ce site, on reconnaît qu'il n'est guère accessible que de deux côtés : soit au sud-ouest, soit à la pointe opposée, en traversant l'un ou l'autre des ruisseaux, qui sont guéables pendant presque toute l'année. Il paraît qu'à l'époque où le château fut construit, on regardait ce point comme le plus faible, car on y a multiplié les moyens de défense.

(1) M. Mérimée se trompe : on dit la *Briance*.

Lorsque, après avoir traversé la Bréance, on arrive à la pointe du triangle, on aperçoit des murs à moitié détruits, suivant les contours du terrain qui, dès-lors, commence à s'élever graduellement. Au milieu de ces ruines se présente une entrée oblique, et quand on l'a franchie, on a devant soi toutes les parties du château, s'élevant l'une au-dessus de l'autre comme sur des gradins. D'abord, c'est une haute tour, précédée d'un fossé ou d'une coupure ; derrière, les substructions d'une redoute carrée, dont la tour formait sans doute le centre autrefois. Dans le pays, cette tour se nomme la Jeannette : je n'ai pu trouver l'origine de ce nom (1) ; elle est carrée, avec un contrefort au milieu de chacune de ses faces. La porte, élevée d'une douzaine de pieds, n'a point d'escalier qui y conduise, soit que jadis la plateforme de la redoute fût au niveau de cette porte, soit qu'on y parvînt au moyen d'une échelle, qu'en cas de danger la garnison retirait à l'intérieur (2). Telles sont la plupart des tours bâties dans le midi de l'Espagne, pendant les guerres continuelles des Maures et des Chrétiens. L'appareil (3) de celle-ci est régulier, mais l'amortissement (4) est détruit. Elle n'a d'autre ouverture que la porte au nord-ouest, et une fenêtre, ou plutôt une meurtrière, du côté opposé (5). N'ayant point d'échelle, je n'ai pu pénétrer dans l'intérieur, mais on m'assure que les différents étages sont ruinés aujourd'hui (6). La Jeannette était destinée évidemment à éclairer les approches de l'ennemi ; en outre, pour parvenir au corps de la place, au château proprement dit, il devait nécessairement passer à portée de la tour, en sorte qu'il avait à forcer ce premier ouvrage, avant de pousser plus loin ses attaques.

A partir de la Jeannette, le terrain s'élève de plus en plus, et, à

(1) Comme un des chevaliers qui ont contribué à bâtir ce château avec l'évêque Eustorge, se nommait Bernard Janiliac, selon Bernard Guidonis, il serait possible qu'il eût bâti cette tour, qu'on aurait appelée tour de Janiliac, puis de Janille par corruption, et par traduction en français, tour de Jeannette.

(2) Le donjon du château supérieur a une porte ainsi placée où l'on parvient à l'aide d'un mur apposé.

(3) Ce mot signifie là la disposition des pierres qui forment les murs, et qui sont, dans ce donjon, superposées en assises régulières.

(4) Ce mot, dans son sens le plus large, signifie tout ce qui forme la partie supérieure, et comme le couronnement d'un édifice.

(5) M. Mérimée se trompe : il y a quatre meurtrières, une sur la face opposée à la porte, deux sur la face de droite et une sur la face de gauche. Ces meurtrières correspondent aux différents étages de la tour. Ce sont de longues fentes verticales, étroites à l'extérieur, s'élargissant à l'intérieur, destinées au tir de l'arc.

(6) C'est vrai. (13 septembre 1850).

soixante mètres environ de la tour, on franchit un nouveau retranchement, perpendiculaire à l'axe de la colline, dont il ne reste plus que quelques pans de murs et une porte ogivale sans ornement, du côté de la Bréance. J'ai cru reconnaître qu'il s'étendait d'un versant à l'autre, barrant ainsi tout le plateau. Sur le bord des pentes, les substructions se dirigent parallèlement à celles-ci, et je crois qu'elles se lient à l'enceinte principale.

L'entrée du château (car nous n'en sommes encore qu'aux ouvrages avancés) regarde le nord-est ; mais avant d'y arriver, il faut encore surmonter d'autres obstacles. En avant de la porte se présente une espèce de redoute, dont l'entrée est percée obliquement, par rapport à celle du château. La muraille d'enceinte de cette redoute décrit une courbe, et se perd sous des monceaux de décombres, en se dirigeant vers les substructions dont je parlais tout à l'heure.

Nous voici enfin devant le château. La porte ogivale est percée à la base d'une haute tour carrée, couronnée de machicoulis (1), et se liant, à droite et à gauche, à des courtines (2) également fort élevées, et sur lesquelles les machicoulis se continuent. Dans ces murailles, de longues meurtrières, destinées sans doute à des archers et percées un peu obliquement, paraissent destinées à battre les approches de la porte, et même l'intérieur de la redoute, si elle tombait au pouvoir de l'ennemi. Malgré le délabrement de la forteresse, on reconnaît encore au-dessus de la porte les rainures d'une herse (3), et un machicoulis au-dessus du passage d'où l'on pouvait assommer l'assaillant au moment même où il aurait cru pénétrer dans l'enceinte. Deux tours, presque entièrement détruites aujourd'hui, flanquaient le château du côté gauche de la porte. A droite, le pied des murs est tellement obstrué de décombres, que je n'ai pu m'assurer si, comme je le suppose, cette disposition était répétée.

Passant sous la porte, on entre dans une cour oblongue, assez étroite, bordée à droite et à gauche par les murs élevés de quelques salles qui n'ont point aujourd'hui de communication directe avec cette cour (4). A gauche, c'est-à-dire du côté qui regarde la

---

(1) Sorte de balcon soutenu par des consoles qui laissent entre elles un intervalle percé d'un trou par lequel on pouvait jeter sur l'ennemi toutes sortes de projectiles.

(2) Partie de muraille qui se trouve entre deux tours ou bastions.

(3) Sorte de grille glissant dans des rainures verticales, et qu'on pouvait faire tomber brusquement en interceptant ainsi tout d'un coup le passage au travers de la porte où elle se trouvait placée.

(4) M. Mérimée se trompe : il y a, dans cette cour, une porte qui communique directement avec la salle de gauche.

Bréance, est une vaste salle, autrefois à deux ou plusieurs (1) étages, mais dont les voûtes sont entièrement détruites, et ce n'est que
dans les angles qu'on en retrouve les amorces (2). J'y ai remar-
qué quelques fenêtres en plein cintre, et des colonnes engagées
(3), fort grossières, de style bysantin ; à côté, une cheminée toute
moderne. La salle opposée, qui fait face à la Ligoure, est encore
plus complètement ruinée : cependant, des fenêtres en ogive, et
d'autres divisées par des meneaux de pierre (4) en croix, annoncent qu'elle a dû être réparée à une époque plus rapprochée de
nous.

Entre ces deux salles, à l'extrémité de la cour, on trouve un
plan incliné (peut-être était-ce autrefois un escalier) (5), et au
delà une masse de décombres et de substructions confuses dont
j'ai dû renoncer à chercher les dispositions (6). On voit seulement
qu'elles entourent un donjon très élevé qui, de toute la forteresse,
est aujourd'hui la partie la mieux conservée. Plusieurs pans de
murs s'en rapprochent, mais on ne comprend pas bien quelle liai-
son ils avaient avec ce donjon, qui, autant que j'en ai pu juger,
était isolé dans l'origine.

Le plan du donjon forme un carré long, assez peu régulier, et
dont les deux grandes faces regardent le nord-est et le sud-ouest.
Trois de ces faces sont unies, mais celle du sud-ouest présente des
saillies et des angles rentrants dont je ne puis deviner le motif. Au
nord-est, deux étages d'arcades ruinées, en plein cintre, semblent
les restes d'une galerie détruite.

A l'intérieur, le donjon est partagé dans le sens de sa longueur
par un mur de refend (7), et, quoique chacune de ses divisions ait
un escalier distinct (en hélice) (8), on voit que leurs appartements
se communiquaient à tous les étages. Les portes percées dans le
mur de refend, presque toutes en plein cintre, un petit nombre en

(1) Il est évident qu'il n'y a eu que deux étages.

(2) On entend par amorce la partie d'un mur ou d'une voûte destinée
à relier ce mur ou cette voûte à une autre construction.

(3) Une colonne engagée est celle qui semble avoir une partie de son
épaisseur cachée dans la muraille.

(4) Un meneau est un barreau de pierre qui sert à diviser une fenêtre
en compartiments. Les meneaux sont propres à l'architecture ogivale. —
Je n'ai point vu de meneaux dans cette salle.

(5) Je n'ai reconnu aucune autre entrée : mais il est probable qu'il en
existait autrefois, soit au nord, soit au sud du château, peut-être des deux
côtés. (Note de M. Mérimée).

(6) C'est là que se trouve un passage voûté qui conduisait dans la cour
intérieure ; sur ce passage se trouvait la chapelle du château.

(7) Un mur de refend est celui qui divise l'intérieur d'un édifice.

(8) Il n'y a d'escalier que dans une des divisions : et cet escalier n'est
pas en hélice, mais à deux courses.

ogive, toutes fort étroites, n'offrent pas le moindre ornement caractéristique. De simples planchers, aujourd'hui démolis, formaient les étages, mais le haut du donjon était recouvert par une voûte en berceau dont le sommet s'appuie au mur de séparation. On ne peut plus monter sur la plateforme appuyée sur cette voûte, et d'ailleurs tout le haut de la tour est tellement mutilé, qu'on ne peut reconnaître si elle avait des créneaux (1) ou des machicoulis. De grandes ogives appliquées sur la face tournée au nord-ouest sont peut-être des machicoulis énormes du même genre que ceux qu'on voit à Avignon dans le palais des papes.

L'appareil est régulier et fort semblable à celui de la Jeannette. Il n'y a qu'un petit nombre de fenêtres toutes étroites et carrées pour la plupart. A gauche du donjon, les murs du château sont rasés, mais on en peut suivre les substructions sur le sommet des pentes dont la Bréance baigne le pied. De ce côté il y avait une suite de vastes appartements, et l'on distingue plusieurs salles carrées, avec des amorces de voûtes retombant sur des colonnes en granit du même style que celles que j'ai décrites tout à l'heure. Les fenêtres et les portes sont en ogive, mais à pointe très obtuse. Enfin on voit une cheminée moderne comme la précédente. Il est évident qu'un objet aussi nécessaire a dû changer de forme plusieurs fois avant la destruction du châte

Cette suite d'appartements donnait   nord sur un préau (2) borné au nord-est par le donjon (3) dont j'ai parlé, au sud-ouest et au nord-ouest par les remparts de l'enceinte principale. Au sud-ouest, ces murs sont flanqués de trois tours rondes, toutes plus ou moins ruinées. Ils sont fort épais, et contiennent une galerie voutée, éclairée par des meurtrières taillées en forme de croix, très longues, s'élargissant à l'intérieur et cintrées à leur amortissement. L'ouverture horizontale de ces meurtrières est si courte, qu'il me parait difficile qu'elles aient pu servir à des arbalétriers. Au contraire, leur longueur convient au tir de l'arc, et cette distinction n'est pas sans importance : car l'usage de l'arc est, comme on le sait, antérieur à celui de l'arbalète. Quant aux plateformes, aux créneaux, à l'amortissement de ces remparts en un mot, là, comme ailleurs, il est détruit, et il n'en reste pas vestige.

(1) Les parapets des anciens châteaux sont surmontés, de distance en distance, de petits piliers de pierre nommés *merlons* : l'intervalle qui les sépare est ce qu'on nomme un *créneau* : il servait à tirer sur l'ennemi, tout en étant en grande partie à l'abri de ses coups.

Le créneau, c'est l'entaille, l'embrasure, et le merlon est la saillie de de pierre qui divise les créneaux.

(2) Cour intérieure d'un château.

(3) Tour principale d'un château, ordinairement isolée des autres constructions. — Tour isolée constituant un fort à elle seule. Telles étaient les anciennes forteresses seigneuriales antérieures au XIIe siècle.

Au delà de ces murailles qui formaient l'enceinte intérieure du château, paraissent les substructions d'une seconde enceinte extérieure, éloignée de la première d'environ vingt-cinq mètres, flanquée de tours, et bordée au sud-ouest par un large fossé taillé dans le roc vif, et coupant le plateau d'une pente à l'autre.

Vers le milieu de l'escarpement qui fait face à la Ligoure, à partir du fossé jusqu'à la hauteur de la porte principale du château, un second rempart s'étend parallèlement au premier, mais il est encore plus ruiné que celui-ci. Un seul pan de mur, assez élevé encore, a conservé deux fenêtres et une porte en ogive. Du côté de la Bréance où la pente est plus rapide, je ne puis affirmer qu'il existât une double enceinte.

Je vais repasser brièvement les dispositions principales du château de Châlusset. Le donjon forme comme la clé de la position. A l'entour se développe une enceinte en forme de carré long, flanqué de tours sur les points qui ne défendent pas des escarpements naturels ; une seconde enceinte, bâtie sur un terrain plus bas, à portée du trait des remparts intérieurs, offrait à la garnison un double moyen de défense, et si l'assaillant parvenait à s'en rendre maître, il s'y trouvait tout aussi exposé qu'auparavant.

Sur le seul point de la forteresse où un ruisseau ne formait pas une espèce de fossé naturel, on avait excavé profondément un sol rocheux. Enfin, à la partie la plus basse de la colline, les ouvrages de défense avaient été multipliés : d'abord une porte fortifiée ; puis une redoute avec une tour servant en même temps d'observatoire ; derrière, l'enceinte extérieure ; enfin, une seconde redoute : tels étaient les obstacles qu'il fallait emporter avant d'arriver au pied des remparts intérieurs. Je n'ai jamais vu de château du moyen âge dans une situation plus avantageuse, aucun où l'art de l'ingénieur eût déployé plus de ressources.

L'épaisseur des murs est partout considérable ; plusieurs ont douze pieds et plus. En général, leur appareil est irrégulier, et se compose de grosses pierres brutes. Il n'y a d'exception que pour le donjon, la tour Jeannette et celle qui surmonte la porte d'entrée principale. Cette différence d'appareil pourrait faire supposer que ces tours sont postérieures aux autres ouvrages ; mais il est possible que ce ne soit qu'un indice de réparations ; enfin, comme ces tours sont les points les plus importants de la forteresse, elles ont été peut-être bâties avec un soin particulier. Il y a grande apparence que c'est au XIIe siècle que fut construit le château de Châlusset ; du moins la plupart des détails caractéristiques se rapportent à cette époque. Evidemment les bâtiments d'habitation ont été successivement modifiés jusqu'au XVIe siècle. Je soupçonne que dans l'origine, il n'a existé de double enceinte qu'au sud-ouest, et que la muraille qui regarde la Ligoure n'est qu'une addition du XIVe siècle, peut-être encore moins ancienne.

Je n'ai pas vu de puits ni de réservoir sur le plateau de Châlusset ; mais il est tellement obstrué de décombres, qu'ils ont pu très facilement m'échapper. La même raison explique l'absence de caves et de souterrains, et la nature du lieu, où le granit presque partout affleure le sol, suffirait d'ailleurs pour rendre très difficile d'en pratiquer. Il est vrai que suivant une ancienne tradition, il aurait existé, dans l'intérieur du château, un passage souterrain qui conduisait de l'autre côté de la Bréance. Je crois la tradition fausse de tout point : mais n'est-il pas surprenant d'en rencontrer partout de semblables ? Il faut en conclure que ces souterrains, qui débouchaient au loin dans la campagne, ont été communs dans le moyen âge.

MÉRIMÉE.

(Notes d'un voyage en Auvergne, p. 113 et suiv.)

DESCRIPTION.

II.

Le château de Châlusset, fondé sur des terrains qui relevaient de l'abbaye de Solignac, est situé au confluent de la Briance et de la Ligoure. Ces deux petites rivières, avant de se confondre, coulent presque parallèlement pendant quelques centaines de mètres, et l'étroit coteau qui les sépare, très élevé d'abord, s'abaisse par degrés et se termine sans aucun escarpement. Aussi paraît-il qu'on avait renoncé à défendre le passage des deux rivières et même à fortifier le pont jeté sur la Ligoure. C'est à une certaine distance du confluent, là où les pentes commencent à devenir rapides, que l'on trouve des vestiges certains de fortifications. Ils consistent en une enceinte carrée, isolée en avant et en arrière par un fossé, au milieu de laquelle s'élevait un donjon parfaitement conservé. On l'appelle, d'après une tradition quelconque, la tour de la Jeannette. Indépendamment de quelques meurtrières, il offre une seule ouverture cintrée ayant nécessairement servi de porte, et élevée néanmoins de quatre ou cinq mètres au-dessus du sol actuel. Il a cela de bizarre qu'un contrefort très large et peu saillant garnit le milieu, non les angles, de chacune de ses quatre faces. Il est certainement de style roman, et l'on n'observe même dans ses dépendances aucune ouverture qui rappelle le style ogival par sa forme ou par ses moulures.

Le chemin suivi par les charrettes et les chevaux traversait ou longeait seulement ces premières constructions. Après les avoir dépassées, on parcourt un intervalle d'au moins cent mètres avant de trouver aucun nouvel obstacle et même aucune muraille qui les reliât au corps de la forteresse.

Il n'est pas besoin de dire la belle conservation et la vaste étendue de ce château, ainsi que sa curieuse distribution. Partout où les murs sont entièrement rasés, partout où leur base se perd sous les décombres, nous les avons pourtant suivis et retrouvés, et il reste peu de chose de la première enceinte. L'entrée s'est cependant conservée; elle n'avait point de pont-levis, quoiqu'elle soit précédée d'une espèce de fossé; elle n'avait pas davantage de herse. C'était un simple portail en ogive. Du reste, de ce côté, on paraît s'être plutôt précautionné contre une surprise que contre une attaque régulière. On remarquera la terrasse en demi-cercle qui couvre la porte principale du château; c'était encore deux barrières qu'il fallait forcer en prêtant le flanc aux archers postés sous les nombreuses meurtrières de la façade.

A cette porte principale, haute ogive percée dans une tour carrée, on constate enfin l'emploi de la herse; et même, comme quelques assaillants auraient pu tenter de la briser en s'abritant sous la voussure du portail, on a ménagé au sommet de l'ogive un trou carré servant de machicoulis. Une dernière ressource était enfin ménagée aux défenseurs du château. La cour oblongue dans laquelle on débouchait, après avoir surmonté tant de difficultés, n'avait pas de communication directe avec les salles qui la bordent des deux côtés, et l'ennemi s'y trouvait retenu plus ou moins long-temps sous une grêle de projectiles.

Au surplus, le donjon, dans le dernier état du château, ne conservait nullement son rôle primitif, mais était devenu une simple tour d'observation. Enveloppé presque de toutes parts par des constructions ogivales, il est de style roman comme la tour de la Jeannette dont il reproduit les singuliers contreforts. Sa porte, en plein cintre, est pratiquée sur un de ses petits côtés à une grande hauteur. A l'opposé, et dans la direction où les attaques paraissaient le plus à craindre, quand il était isolé, il présente, au lieu d'un contrefort plat, un éperon analogue aux avant-becs d'un pont. A l'intérieur, un mur de refend le divise en deux parties inégales. L'une contenait un escalier en pierre à deux courses; l'autre, les logements du châtelain et de ses soldats. Des planchers divisaient les étages, mais des voûtes en berceau couronnaient tout le donjon et soutenaient sa plate-forme à quarante mètres d'élévation.

Le véritable donjon de ce château, c'était le château lui-même. Sur tout ce vaste développement, les courtines, presque aussi hautes que les murs et couronnées comme eux de machicoulis et de créneaux, n'ont jamais moins de 20 mètres de hauteur. Tout assaut, toute escalade était impossible avec de semblables remparts. Il est à noter que dans la façade, les créneaux ne forment pas, selon l'usage, le manteau des machicoulis. Ceux-ci sont suspendus en encorbellement bien au-dessous du sommet des murailles. Aux deux extrémités du *trapèze,* qui s'est d'ailleurs modelé sur la colline dont il occupe le sommet, les murs sont assez exhaussés pour masquer les pignons et les toits des bâtiments intérieurs, de sorte qu'ils en gardent l'empreinte et comme la coupe à leur revers. Cela est particulièrement vrai pour ce grand corps de logis que l'on était parvenu à rendre assez régulier malgré la difficulté du terrain, et qui n'a pas moins de 70 mètres de long sur une largeur de 13ᵐ 50. On voit donc que le toit était fort aigu et semblable de tout point au grand comble d'une cathédrale. On voit très bien de même que les étages supérieurs n'étaient point voûtés, si ce n'est au-dessus de la salle la plus reculée. Mais il n'y avait point de piliers intermédiaires pour soutenir la voûte qui était d'une réelle élégance et d'une certaine hardiesse, car elle avait environ 15 mètres sous clef et plus de 10 de portée. Comme l'escarpement du flanc de la colline, non moins que l'élévation des murs éloignait tout danger de ce côté, de grandes fenêtres à roses et à meneaux éclairaient latéralement cette pièce. Elle était pavée en carreaux émaillés dont on retrouve quelques débris. Là devait être sans doute la salle d'honneur. La chapelle était placée ailleurs et de même au premier étage, au-dessus du passage voûté conduisant au préau qu'elle a obstrué de ses décombres. Un des angles du donjon a conservé les arrachements de sa voûte et même quelques restes des peintures religieuses qui la décoraient.

La façade postérieure du château est fortifiée de trois tours, l'une carrée, les autres rondes, et n'est percée que de meurtrières. Au lieu de deux mètres d'épaisseur, elle en a trois; et l'on en a profité pour ménager, dans toute la longueur de la muraille, une étroite galerie qui établissait une prompte communication entre les tours et recevait en outre un certain nombre d'arbalétriers. Les six meurtrières en croix qui s'y voient encore pouvaient battre les approches du fossé par-dessus la première enceinte, car la galerie était située dans la région moyenne de la façade, fort au-dessus de l'atteinte du bélier.

Ces précautions extraordinaires montrent bien que l'ingénieur jugeait ce côté le plus faible; et, en effet, l'ennemi y pouvait aborder de plain-pied les murs du château, tandis qu'à l'opposé il aurait difficilement fait mouvoir ses machines de guerre sur le terrain accidenté qui s'étend jusqu'à la tour de la Jeannette. Cependant l'on avait renoncé à créer des ouvrages avancés, et l'on s'était contenté de flanquer de tours la première enceinte et de la faire précéder d'un large et profond fossé, creusé dans le roc, qui coupe le plateau d'une pente à l'autre.

On n'oubliera pas de remarquer l'originale façon dont sont disposés deux des escaliers à vis du château. Ils se trouvent, non dans les tours, non dans des tourelles accolées, mais au point précis où les tours se soudent aux murs, de manière à desservir directement toutes les pièces et toutes les galeries.

Où étaient placés les caves, les magasins, et enfin les écuries nécessaires dans une grande forteresse féodale ? Probablement sur cette cour formée le long du plus grand côté du trapèze par l'enceinte extérieure. Une large porte, très inférieure au rez-de-chaussée, s'y ouvrait dans une tour carrée, et en outre il pouvait exister quelques bâtiments de dépendances adossés au rempart. Une tradition assez accréditée dans le pays, veut qu'il ait existé un souterrain partant du château pour aboutir au-delà de la Briance ; et il suffit d'avoir lu Froissard pour se convaincre que cela n'a rien d'absolument improbable. Dans les écrits du célèbre chroniqueur, tantôt c'est un château que l'on assiége encore trois jours après que la garnison s'est évadée jusqu'au dernier homme, tantôt ce sont des assiégeants qui pénètrent par une voie souterraine jusqu'au cœur de la place. Peut-être donc les fondateurs de Châlusset avaient-ils songé en effet à se donner un *tunnel* débouchant au loin dans la campagne. Quoique le château repose presque partout sur le roc, il n'était point impossible de rencontrer un banc de tuf qui se serait prêté le mieux du monde à un travail de ce genre. En tout cas, s'il y a eu un tel souterrain à Châlusset, on n'en connaît nullement l'entrée.

La date de la première fondation de Châlusset n'est pas douteuse. La chronique des évêques de Limoges, écrite au XIIe siècle par Bernard de Guido (1), la donne clairement en ces termes :

« Eustorgius cum Arnaldo Beraldi ac Bernardo Janiliaco Cas-
» trum *Luceti* prope Lemovicum ædificavit ubi morabantur non
» audentes habitare Lemovico timore comitis Pictavensis Aquita-
» niæ Ducis. » (Bib. mss. lib. P. Labbæi, t. 2, p. 270.)

C'est donc avant le milieu du XIIe siècle que l'évêque Eustorgé bâtit Châlusset, car ces démêlés avec le duc d'Aquitaine se placent vers cette époque. Deux chevaliers, Arnaud de Bérald et Bernard Jœniliac, s'étaient associés à lui dans son entreprise, et peut-être faudrait-il expliquer par ce fait curieux pourquoi il existait à Châ-

_____

(1) Bernard Guidonis a écrit au commencement du XIVe siècle; mais Geoffroy du Vigeois, chroniqueur du XIIe siècle, attribue, lui aussi, la fondation de Châlusset à Eustorge, évêque de Limoges.

lusset un grand et un petit château qui se protégeaient mutuellement, mais qui restaient indépendants l'un de l'autre. La tour de la Jeannette aurait été primitivement le donjon de l'un des compagnons d'Eustorge.

Dans le grand château il ne reste aussi que le donjon de cette première fondation. Quoique les constructions actuelles soient généralement en moellons de schiste fortement cimentés, et que, là où l'on a employé la pierre de taille, comme pour les nervures des voûtes, les fenêtres, les cages d'escaliers, et quelques parties des façades, on ne se soit servi que de granit, il reste cependant assez de détails caractéristiques pour pouvoir affirmer que Châlusset a été complètement rebâti et fort agrandi dans la première moitié du XIIIe siècle. Les crochets des chapiteaux et des consoles, les doubles tores des nervures, les jambages de plusieurs cheminées, enfin le dessin des fenêtres se rapportent nettement au mauvais style ogival qui était alors en usage dans la province. A cette époque, d'ailleurs, le château était devenu la propriété des vicomtes de Limoges qui semblent en avoir voulu faire leur résidence principale ou du moins le siége principal de leur puissance. Mais bientôt l'héritière de Limoges porta tous les fiefs de la vicomté dans la maison de Bretagne ; et le château de Châlusset, dont nul village et nulle maison même n'étaient encore venus altérer la solitude ou diminuer la tristesse infinie, fut dès-lors à peu près abandonné. Pendant tout le XIVe et XVe siècles, on le voit tantôt au pouvoir des Anglais, tantôt occupé par quelque bande de routiers, mais toujours pris facilement, parce que sa garnison n'était jamais proportionnée à son immense étendue. On s'étonne même de ce qu'il tient si peu de place dans l'histoire. Ce n'en est pas moins un monument du plus grand intérêt, et, certes, le plus curieux de la province. Dans la France entière, on aurait peine à citer un type aussi complet, aussi bien conservé, et à la fois aussi ancien de l'architecture militaire du moyen âge.

FÉLIX DE VERNEILH.

(Congrès archéologique de France, t. 8, p. 415.)

III.

HISTOIRE ET DESCRIPTION.

(1821.)

Le département de la Haute-Vienne n'offre pas de monument plus curieux ni plus considérable que les célèbres ruines de Châlusset, regardées, d'après la tradition la plus répandue, comme celles d'une station romaine, dont on fait dériver le nom de *castra Lucilii*). Le P. Saint-Amable, d'accord avec les chroniques du pays, indique aussi cette origine, mais en observant que, d'après MM. de Sainte-Marthe et le récit de Geoffroy de Vigeois, ce château fut élevé en 1132 par l'évêque Eustorge, qui voulait se garantir des entreprises de Guillaume IX, duc d'Aquitaine. Il est possible de concilier ces deux autorités, en supposant qu'Eustorge répara seulement cette forteresse, dont l'origine pouvait être beaucoup plus ancienne.

Quoi qu'il en soit, les chroniques limousines, après avoir indiqué la fondation de ce château sous le proconsulat de Léocade, semblent l'oublier entièrement dans le récit, souvent minutieux, des événements qui se succédèrent en Aquitaine pendant les premiers siècles de notre ère. On voit seulement qu'en 1067, l'évêque Itbier Chabot « changea le château de Châlusset, et, du lieu de » Fressanges, le bâtit au lieu où il est maintenant (1). » Cette particularité assez singulière, et qui mériterait d'être vérifiée, n'est pas, au reste, rapportée par tous les historiens. Vers le milieu du douzième siècle (2), cette forteresse appartenait à la vicomtesse Marguerite ; elle la vendit, en 1273, à Gérald de Maumont dont nous avons déjà parlé. Sous le règne de Charles V, les Anglais en furent chassés par les habitants de Limoges, avec l'aide du célèbre Connétable et du maréchal de Sancerre. On voit, dans les annales, qu'en 1393, Perrot Foucaud, surnommé le *Béarnois,* fut forcé d'abandonner Châlusset, d'où il faisait, depuis douze ans, des courses dans le voisinage : ce fut la suite d'un accommodement qui coûta 12,000 livres aux seuls habitants de Limoges.

Lorsque Charles VII passa dans cette ville, en 1438, Martial de Bermondet, son lieutenant et l'un des consuls, le supplia, au nom des bourgeois, de les défendre contre les persécutions continuelles des partisans qui occupaient le fort de Châlusset. En 1574, J. de Maumont, seigneur de Saint-Vic, se saisit de ce château, devenu presque inhabitable depuis l'expulsion des Anglais. Il le fortifia de nouveau, déclarant, dit le P. Bonaventure, le tenir *pour ceux de la religion prétendue* (3). Il commença, en même temps, à piller les villages voisins, et à rançonner les paysans et les voyageurs (4).

Les habitants de Limoges et des environs s'étant rassemblés, marchèrent contre lui, sous la conduite du capitaine Vouzelle, et le forcèrent à se renfermer dans ses murs. Trois ans après, les bourgeois de Saint-Léonard réunis à ceux de Limoges, de Solignac, d'Eymoutiers, etc., firent le siège de Châlusset. Le fort fut investi de tous côtés, et se rendit au bout de cinq jours. On résolut alors, pour assurer la tranquillité du pays, souvent troublée par un si dangereux voisinage, de démolir cette place, de manière à en rendre le rétablissement impossible. Il paraît, toutefois, que cette résolution ne fut exécutée que quelques années après. On lit, en

(1) Bonav., p. 412.
(2) Il faut lire : du treizième siècle.
(3) Bonav., p. 792.
(4) Il paraît qu'un grand nombre de sectaires du Limousin, alors persécutés, se retirèrent en même temps à Châlusset, et se bâtirent des logements sous la protection du fort. Telle est, du moins, l'origine probable d'un assez grand nombre de petites constructions dont on voit encore les restes en avant de la porte principale.

effel, dans le 2me registre de la mairie, qu'en 1593, les consuls voulant empêcher qu'on réparât de nouveau les tours de Châlusset, y envoyèrent des travailleurs, protégés par quelques soldats, qui, réunis aux paysans du voisinage, rendirent, en peu de jours, cette place entièrement inhabitable. Depuis cette époque, le nom de Châlusset ne se retrouve plus dans les annales limousines. Le temps a dégradé peu à peu les restes imposants de cet antique édifice, et les gens du pays en accélèrent encore la destruction, en enlevant sans cesse les plus belles pierres de taille, d'ailleurs très rares dans le lieu même, et qui sont utilement employées à des constructions modernes.

Les tours de Châlusset, si remarquables par l'étendue qu'elles couvrent de leurs débris, le sont peut-être davantage par leur position singulièrement pittoresque. Du haut d'une roche inculte et sauvage, au pied de laquelle deux ruisseaux assez rapides viennent confondre leurs eaux, ces vieux remparts semblent menacer encore l'habitant des campagnes, dont ils n'excitent plus même la curiosité. Sur les coteaux voisins, des champs cultivés ou de riches pâturages reposent agréablement les yeux ; en arrivant aux ruines, toute végétation cesse ; aucun bruit ne s'y fait entendre, que les cris de la bergère qui poursuit sa chèvre égarée, ou les pas de l'étranger curieux, observant en silence ces murs à demi détruits, et s'efforçant d'y découvrir l'empreinte des siècles et le secret de leur origine.

Ces magnifiques ruines ont déjà occupé le crayon de plusieurs habiles dessinateurs, mais jusqu'à ce jour, personne ne s'était occupé d'en lever un plan exact, indiquant le nombre et la disposition de leurs différentes parties. Nous nous sommes empressés de remplir cette lacune, et c'est d'après ce plan, récemment dressé sur les lieux mêmes, que nous allons donner une description détaillée des tours de Châlusset.

Le château proprement dit, compris entre les ruisseaux de la Ligoure au N.-O. et de la Briance au S.-E., présente la forme d'un trapèze, dont l'axe se dirige du S.-O. au N.-E., et dont le plus petit côté, qui répond à la porte principale, située au N.-E. peut avoir 80 P., et le côté opposé, 130 P. La longueur moyenne est d'environ 210 P. On n'observe de fossés que sur le côté du S.-O., les autres étant suffisamment défendus par les pentes extrêmement rapides de la montagne. Sur les quatre angles du trapèze s'élevaient quatre tours assez considérables, accompagnées de plusieurs petites qui renfermaient les escaliers, et dont on ne voit plus que les décombres. Dans tout cet espace se trouvent compris : 1° une cour d'entrée fort étroite d'abord, qui s'élargit en avançant, et offrait tout à la fois, en cas d'attaque, un avantage aux assiégés, et un obstacle de plus aux assaillants ; 2° deux salles assez grandes sur les deux côtés de la cour ; 3° une tour très élevée, de forme pentagonale, placée à peu près vers le centre de tout l'édifice ; 4° une grande cour ou place d'armes très vaste, au pied de la même

2

tour ; 5° enfin deux salles qui terminent, du côté de la Briance, le développement du château ; le mur antérieur de celle qui est la plus voisine du centre est entièrement détruit, et laisse apercevoir, de l'autre bord, toute la partie intérieure des ruines.

La structure de ces différentes pièces, totalement découvertes, et dont les murs sont presque partout abattus ou dégradés, appartient évidemment au moyen âge. Il en est de même de tous les chapiteaux des colonnes, et de ceux des piliers, évidemment gothiques, à joints alternatifs, qui s'observent sur les parois des différentes salles, et soutiennent des voûtes en ogive encore bien conservées. Sur plusieurs de ces chapiteaux on remarque des rosaces et des têtes d'un goût barbare ; sur l'un d'eux se voit, entre deux espèces de chauve-souris, une fleur de lys très distincte. On en trouve d'autres encore, peintes en bleu et séparées par des bandes rouges, sur le mur d'une des croisées de la façade. Enfin, la plupart des salles offrent des cheminées, dont la forme ne paraît même pas très ancienne.

Les murs du château sont en général très forts, et plusieurs renferment, dans leur épaisseur, des galeries assez larges. La principale de celles-ci domine la grande cour ou place d'armes dont nous avons parlé ; on y monte aisément sur les débris d'une tour ronde qui lui est adossée. Les parois de la galerie offrent un grand nombre de noms et de dates, gravés par des curieux qui ont visité les ruines ; plusieurs de ces dates remontent jusqu'au seizième siècle. Sur le devant de la grande tour sont les restes d'un bâtiment séparé, qui a dû être une chapelle ; les lambeaux de peintures à fresque qu'on y remarque, la disposition et la forme gothique des croisées, ne permettent aucun doute à cet égard.

Il est évident, d'après toutes ces observations, que l'édifice actuel de Châlusset ne peut être qu'un monument du moyen âge, qui aura remplacé, sans doute, un ouvrage des Romains, mais où il ne reste absolument aucun vestige de celui-ci. Il est probable que toutes les parties de ce château n'ont pas été construites à la même époque ; tout fait croire, par exemple, que la grande tour est beaucoup plus ancienne que les salles qui environnent la cour principale, et qui n'ont peut-être été bâties que vers le temps de la vicomtesse Marguerite. (1).

Nous n'avons parlé jusqu'ici que du château même ; mais, au-dessous de l'entrée principale, et presque jusqu'au confluent des deux ruisseaux, on rencontre des débris de vieux murs disposés symétriquement de chaque côté d'un chemin tracé au milieu des

(1) Il est question, dans des titres de 1273, de *la cure du château haut* et de *la chapelle du château bas* de Châlusset. (V. Mém. man. de Nadaud, t. 1, p. 213.)

ruines, et qui répond à la porte de la façade (1). Enfin, à environ
60 T. de cette porte, s'élève une tour carrée, que les habitants
appellent la tour de *la Jeannette*, supposant qu'une bergère de ce
nom y fut autrefois renfermée par les brigands qui occupaient le
château.

D'après une opinion assez répandue, il existe, sous les tours de
Châlusset, des souterrains très considérables ; on peut remarquer
qu'il ne s'y trouve ni puits, ni fontaine, ni les traces d'aucune ci-
terne. Il n'était donc possible d'abreuver les hommes et les chevaux, en temps de siége, qu'au moyen d'une communication avec
un des deux ruisseaux qui coulent au pied des tours. L'entrée de
ces souterrains n'est point apparente, mais, avec quelques recher-
ches, il ne serait sûrement pas difficile de la retrouver.

Il est digne de remarquer que cette vaste habitation, dont les
restes occupent une si grande étendue, n'ait point appartenu à une
des anciennes familles du Limousin, et n'ait donné son nom à aucune. La seigneurie de Châlusset se confondit souvent avec celle
de Solignac, qui appartenait à l'abbé. Elle avait à une époque assez récente, le titre de baronie, ainsi que le prouvent des titres de
1583. Cette terre, qui comprenait une partie de la forêt de Château-
Chervis, un moulin et quelques rentes féodales, fut engagée, en
1771, à M. de Verthamont, conseiller au parlement de Bordeaux,
et originaire de Limoges, dont la famille possède encore ce que la
révolution n'en a pas détaché.

ALLOU.

(1) Ce chemin, qui descend de la montagne opposée, et semble venir
de Limoges, traverse la Briance sur un pont fort ancien, actuellement détruit, passe, sous une porte à demi ruinée, au pied des tours, et se dirige
sur Château-Chervis ; il est bien connu des habitants, sous le nom de
chemin du Capitaine.

Aimery écrivit à Marguerite pour la prier de faire cesser ces violences ; à quoi elle fit la sourde oreille. Le bon pasteur, pour défendre son peuple, assembla des communes, qui se joignirent aux habitants de Limoges, et surprirent une grosse troupe de ces pillards hors de leurs forts, qu'ils taillèrent en pièces. Ils assiégèrent ensuite le château de Chaslucet à deux lieues de Limoges, qu'ils prirent par composition, et le rendirent à l'abbé de Solignac, qui en était le seigneur. (BONAV., t. 3, p. 578.)

Ce fait est confirmé par cette note d'un manuscrit de la Bibliothèque nationale :

« 1270. — Le seigneur Aimeric, évêque de Limoges, rassembla les communes du diocèse contre les brigands qui étaient à Chaslucet. »

« 1270. — D. Aymericus Lemovicensis episcopus habuit communias diæcesis contra raptores qui erant apud Chaslucetum. » (*Ex mss.*, 5452. Bibl. reg. — NADAUD, *Mém. mss.*, t. 2, p. 26.)

1270.

Lorsque Marguerite de Bourgogne crut n'avoir plus rien à espérer ou à craindre de Louis IX, qui venait de partir pour la seconde croisade (1270), elle se laissa aller à son caractère violent, et résolut de faire tout le mal qu'elle pourrait à la ville, dont les murailles étaient trop fortes et trop bien gardées pour qu'elle pût espérer de s'en emparer. Dans ce but, elle garnit ses châteaux d'hommes d'armes qui en sortaient tous les jours pour rançonner et piller le pays. La plus redoutable de ces troupes était celle qui tenait le fort presque imprenable de Châlucet. Sans cesse aux aguets sur les chemins, embusquée dans les bois, cachée dans les ravins, elle détroussait les marchands qui allaient trafiquer à Limoges, s'emparait des denrées que les vivandiers y conduisaient, éventrait les sacs de grains et perçait les outres de vins qu'elle ne pouvait emporter. Les bourgeois faisaient bien des sorties ; ils envoyaient bien leur milice pour protéger les routes ; mais les pillards étaient insaisissables ; dès qu'ils savaient en campagne une troupe supérieure à la leur, ils se retiraient dans leur repaire, d'où ils bravaient la vengeance de leurs ennemis. Il fallait cependant mettre fin à ces brigandages ruineux pour le pays. Les habitants de Limoges s'adressèrent à l'évêque qui avait à se plaindre de la vicomtesse, dont les gens avaient failli le tuer, un jour qu'en compagnie des abbés de Saint-Martial, de Saint-Martin et de Saint-Augustin, il était venu à Aixe, dans le but de rétablir la paix entre les bourgeois et les hommes du château qui se guerroyaient. Aymeri n'eut pas de peine à se rendre aux désirs des consuls de Limoges ; ses vassaux réunis aux soldats de la ville et aux hommes de l'abbé de Solignac, après avoir surpris hors du fort une bande d'aventuriers, assiégèrent le château lui-même et le serrèrent si étroitement que la garnison fut obligée de se rendre; il aurait été détruit par les bourgeois si l'abbé de Solignac, de qui il relevait, n'avait promis de veiller à ce qu'il ne retombât plus désormais au pouvoir des vicomlins.

(LEYMARIE, *Hist. du Lim.*, t. 2, p. 225.)

1272.

Cette année, Gérald de Maumont, chanoine de Limoges, acheta le château de Châlusset. Citons le P. Bonaventure : « La guerre se continuant entre la vicomtesse Marguerite et les bourgeois et habitants de Limoges, on vit de jour et de nuit plusieurs corbeaux qui, se perchant sur les tours et les églises, croassaient horriblement, et semblaient exciter tout le monde au massacre, pour faire curée de leurs dépouilles. *Gérald de Maumont étant fait conseiller du roi, acheta de la vicomtesse le château de Chaslucet pour son usage ;* et étant devenu archidiacre de Saint-Etienne, fit bâtir dans la cité de Limoges, près du palais de l'évêque, une tour carrée, laquelle fut appelée la Tour-de-Maumont. » (BONAV., t. 3. p. 581.)

1272.

L'an 1272, Gerald de Maumont eust l'office de Conseiller du Roy ; puis achetta de Marguerite de Bourgongne le château de Chaslucet, et fist lever fourches patibulaires en la paroisse de Boysseil, dans la terre du chapitre de Limoges, où il fit exécuter un homicide. (*Chron. mss de Lim. de* 1638.)

1287.

Gérard de Maumont, chanoine de Limoges et clerc ou chapelain du roi de France, prétendant un droit sur la juridiction et justice de Buxeil *(Boisseuil,)* à cause du château de Chaslucet, qu'il avait acheté de Marguerite, vicomtesse de Limoges, le donna et céda *(ce droit de juridiction)* au chapitre de Saint-Etienne de la cathédrale. (BONAV., t. 3, p. 596.)

1380.

En 1380, le château de Châlusset était le repaire d'une bande.

de brigands. — « En 1380, un nommé Paya-Negra, Anglais, ennemi du roi, arrêtait les passants à Châlucet, et les rançonnait. Le 5 avril, les Anglais prirent le château. » (NADAUD, *Mém. mss.* — LEGROS, *Annales du Limousin, mss,* p. 384.)

1381.

Cette année 1381, les Anglais furent chassés par les Français du château de Châlusset. — « Les mémoires du pays disent que la ville de Limoges, pour le service du roi de France et pour chasser les Anglais du Limousin, fournirent grande somme de deniers à Bertrand du Guesclin, Louis de Sancerre et autres capitaines, et à Gaultier de Passac, sénéchal du Limousin; car ces pillards tenant plusieurs places fortes, en faisaient leurs lieux de retraite après leur brigandage. Il fallut les faire sortir de Château-Chervix avec de l'argent, et racheter le château de Ségur des mains du seigneur de Saint-Priest. On les débusqua du château de Rochechouart, du Breuil, de Janaillat, de Saint-Chamand, Chamberet, *Chaslucet,* Grandmont, Besse, Lescars, Corbefy, Saint-Jean-de-Coüe (de Colle), et il fallut que Limoges aidât de secours d'argent, de gens, de vivres et munitions de guerre pour cela. » (BONAV. t. 3, p. 671-672.)

1381.

« Au commancement du règne du roy Charles 6me, Monsieur le mareschal de Sanxerre vint en Limousin pour reprendre la ville de La Sousterraine et en chasser ceux qui l'avoient prinse; lequel, avec l'ayde des communes, contraignit les Anglois par composition de quitter la place, qui en se retirantz firent grandz maux en Limousin. Mais poursuivis vivement par ledit sieur Mareschal, y eut plusieurs rencontres et legères batailles. Bref, en fin les Français eurent l'advantage; en laquelle saison *Peyrot le Bearneix* et les Anglois prindrent le fort chasteau de Chaslucet à deux lieues de Limoges, où furent faits maux infinis et incroyables. »
(*Chron. mss,* 1638. — *Bibl. Limoges,* p. 272. — V. BONAV., t. 3, p. 672. — NADAUD, *Mém. mss,* t. 2, p. 256.)

1382.

« Le septième de novembre 1382, les consuls de Saint-Léonard exposèrent au roi Charles sixième que la ville dudit Saint était en pays de guerre, et frontière des châteaux de *Chaslucet,* des Cars,

Limoges, Jumillac et autres fortes places, et fut ordonné qu'on mettrait des gardes en ladite ville. » (BONAV. t. 3, p. 672.)

1388.

Les Anglais occupaient encore Châlusset. — « En 1388, on imposa une taxe pour l'expédition du château d'Eymoutiers. Les Anglais étaient à Courbefy, y faisaient des prisonniers et les rançonnaient. Ils étaient aussi à Châlusset. Les capitaines s'appelaient Verdoye et Raymonet-le-Long. » (NADAUD, Mém. mss. — LEGROS, Annales du Lim., mss, p. 389.)

1389.

« L'année suivante, 1389, les Anglais étaient encore à Chaslucet. Les habitants de Bellac pactisèrent avec eux, moyennant une certaine somme qu'on devait leur porter, pour se rédimer de leurs vexations. » (NADAUD, Mém. mss. — LEGROS, Ann. du Lim., p. 389.)

1393.

« Le 4e janvier 1393, Perrot Fouquaud dit le Bearnoix qui, par l'espace de douze ans neuf mois, avoit gardé le fort chasteau de Chaslucet, fesant la guerre aux hommes et bestes, brullant granges et villages, et fesant plusieurs autres maux, fut mis hors la dite année par composition faicte au duc de Berry moyenant certaine somme de deniers dont la ville de Lymoges, désirant la liberté, en payèrent (paya) douze mille livres. »
(Chron. mss, 1638. — Bibl. Lim., p. 274.)

1393.

Cependant les aventuriers Anglais continuaient leurs déprédations. Deux d'entre eux surtout, le breton Geoffroy Tête-Noire, qui s'était emparé du château de Ventadour, et Perrot le Béarnais, retranché dans le fort de Châlucet, désolaient le Bourbonnais, l'Auvergne et le Limousin. Pour obtenir quelque répit de ces brigands, les paysans étaient obligés de leur payer des tributs annuels. Quant aux villes qui ne voulaient pas se racheter ainsi, il leur fallait veiller sans cesse à leurs murailles, et soudoyer à grands frais des troupes qui, le plus souvent vivaient à discrétion chez les bourgeois. Ces pilleries duraient depuis plusieurs années, et Alain et Pierre Roux, deux parents de Tête-Noire, lui avaient même succédé, lorsque Guillaume Bouteiller, de concert avec le duc de Berry, s'empara par ruse du château de Ventadour. Restait celui de Châlucet, dans lequel Perrot le Béarnais et Géronnet de Ladurant, son capitaine, avaient entassé des trésors enlevés aux provinces voisines, et qui était si bien gardé par plus de cent hommes d'armes parfaitement disciplinés, que toutes les tentatives faites pour s'en emparer avaient échoué. Il y avait déjà près de treize ans que Perrot occupait cette forteresse, lorsque les habitants de Limoges offrirent au duc de Berry de contribuer pour deux (1) mille livres au rachat du fort, s'il pouvait obtenir que les aventuriers consentissent à le rendre à prix d'argent. Des négociations furent entamées avec Perrot le Béarnais, dont les exigences ne manquèrent pas d'être excessives : mais il importait de chasser ces pillards de leur repaire ; les villes, les seigneurs, les habitants des campagnes eux-mêmes se cotisèrent, et une somme énorme imposée par Perrot pour prix de sa retraite lui fut comptée, en même temps que la place était remise au duc de Berry.

(Leymarie, *Hist. du Lim.*, t. 2, p. 340.)

1438.

Le matin du jeudi 5 mars, le roi Charles VII, à son passage à Limoges, fut complimenté dans son hôtel par M. Martial Bermondet, son lieutenant dans Limoges, et qui cette année là était consul. Ce magistrat fit une fort belle harangue, dans laquelle il exposa très clairement et très pathétiquement les insultes, exactions, brigandages dont la ville et la province avaient à se plaindre des bandits qui étaient maîtres du Château de Châlucet. Le roi, assisté de son conseil, l'écouta fort attentivement et avec beaucoup de bonté, et promit qu'il porterait à tous ces maux un remède prompt et efficace.

(Relation du passage de Charles VII à Limoges, traduite par l'abbé Legros, *Feuil. Hebd.*, 1776, p. 59.)

1574.

« L'an 1574, il fallut que ceux de Limoges vinssent encore aux mains contre les perturbateurs du repos public. Jacques de Maumont, seigneur de Saint-Vic, ayant assemblé quelques troupes de

---

(1) La *Chronique manuscrite* de 1638 dit *douze* mille livres.

gens perdus, se saisit du château de Chaslucet qui était demeuré
en ruine et inhabitable depuis qu'on chassa les Anglais du pays.
Il le fortifia si bien qu'il le rendit presque imprenable; car, étant
assis sur une haute montagne, le canon n'en peut approcher pour
le battre. Ayant muni cette place de toutes les choses nécessaires,
il déclara la tenir pour ceux de la religion prétendue, et commença
comme chef de voleurs à faire jour et nuit des sorties sur le grand
chemin, prenant prisonniers les marchands, et les rançonnant à
grosses sommes, et contraignant les villageois à lui apporter des
vivres et les deniers des tailles qui appartenaient au roi, lequel,
averti de ce désordre, commanda qu'on courût sus à ces pillards.
Ainsi, les habitants de Limoges armèrent contre ce seigneur, sous
la conduite du capitaine Vouzelle, et ayant l'avantage en plusieurs
rencontres, le forcèrent de rentrer dans son château. » (BONAV.,
t. 3, p. 792.)

1577.

« La paix n'ayant pas été de longue durée, on revint à jouer
des couteaux. Les huguenots pillèrent le pays tellement, qu'on
n'osait sortir des villes. Ceux de Saint-Léonard étaient toujours
aux prises contre ceux de Chaslucet, se tuaient comme des bêtes.
Ils craignaient quelque surprise de la part de ceux qui n'avaient
ni foi ni loi. Les habitants de Limoges, pour réprimer les attaques
des voleurs de Chaslucet, remirent en charge le capitaine Vouzelle, afin de résister à Saint-Vic, chef de ces pillards. Et comme
les consuls furent avertis que les huguenots faisaient des assemblées et monopoles, et que leur rendez-vous était à Chaslucet, on
commanda à Vouzelle d'aller en ces quartiers, ce qu'il fit. Etant à
Boessel (Boisseuil) il rencontra le sieur de Beaupré qui allait au
lieu susdit, lequel, pour se défendre, se serra dans l'église. Vouzelle ayant envoyé chercher du secours à Limoges pour le forcer
dans sa retraite, dès qu'à la pointe du jour Beaupré vit de la
voûte de l'église que ces subsidiaires s'approchaient, par un trait
de courage ou de désespoir sortit de furie l'épée à la main et se
fit faire place, en tua quelques-uns et prit prisonnier le capitaine
Gallichier, qu'il mena à Chaslucet. Le sieur de Saint-Vic ayant été
pris au dépourvu par le vicomte de Pompadour, qui le retint prisonnier à Pompadour, les habitants de Limoges, prenant l'occa-
sion au poil, résolurent d'attaquer cette tanière de brigands, et
de la détruire selon la permission qu'ils en auraient du roi. Les
consuls mandèrent aux habitants de Solignac de saisir promptement les allées et venues dudit fort, et ceux de Saint-Léonard
s'armèrent contre leurs propres ennemis, et y acquirent beaucoup
de gloire. Le 4 avril 1577, les troupes de Limoges, tant à pied
qu'à cheval, partirent enseignes déployées, et d'abord gagnèrent
les maisons voisines dudit fort, et se mirent en état de planter le

siége, quoique ceux du château fissent grand feu et jetassent de grosses pierres sur les assiégeants. Emoustiers contribua des soldats pour cette expédition, et le sieur de Fraisseix y vint avec une compagnie de gens de pied et des communes du pays qui environnèrent le château de tout côté. Le capitaine Vouzelle battait l'estrade avec 200 chevaux, visitant souvent le corps-de-garde, où quelques-uns du parti contraire les venaient reconnaître, mais ne les osaient attaquer. On les somma de rendre la place, ce qu'ils refusèrent, espérant d'être secourus; néanmoins, se voyant pressés et sans espérance de secours, ils sortirent pour parlementer et capituler, baillant ôtages de côté et d'autre, et promirent de rendre le château s'ils ne recevaient en deux jours des forces pour se défendre. Personne ne paraissait pour leur parti. Le samedi, 19 avril de cette même année 1577, il sortit du château de Chaslucet 60 soldats et plus, ayant pour chef le capitaine Plaix, et Latour son sergent, lesquels furent conduits, selon la capitulation, par les enfants de Limoges, deux grandes lieues. La place étant ainsi rendue, elle fut démolie et rendue inhabitable. » (BONAV., p. 795.)

1593.—Démolition du château de Châlusset.

(Procès-verbal des Consuls de Limoges.)

Les Consulz romains aux grandz affaires recepvoient du Senat cet advertissement : *Videant Consules ne quid Respublica detrimenti capiat,* c'est-à-dire que les Consuls regardent que la Republique ne recoipve dommage.

Aussy est-ce le debvoir de ceux qui sont en telle charge de tenir autant qu'il leur sera possible les ‘yeux ouverts à l'utilité publique, et préférer icelle à toute particulière.

Et mesme ce beau nom de Consul les en advertit assez. Car si nous croyons ceux qui, plus au vray, ont recherché les ethimologies des noms, le nom de Consul vient du verbe *consulo* qui, en première signification, se prend pour donner ordre à quelque affaire.

Ce que Ciceron, en son oraison pour *Murœna*, déclaire assez disant que le debvoir d'un Consul est de donner ordre non-seulement à ce qui se présente, mais aussy de pourvoir à l'avenir.

C'est pourquoy, esmeus de l'importance de cette honorable charge, tout incontinent apres nostre election, nous nous proposâmes d'employer tout nostre soin à ce que le public ne receust aucun dommage à faute de diligence.

Ayant doncques heu certain advertissement le premier jour de janvier 1593, de nous prendre bien garde que la ruine du fort de Chaslucet ne fust surprinse, et que si promptement n'y estoit pourveu, ce lieu estoit encores assez habitable pour une retraitte

à nos ennemys, laquelle pourroit porter grand dommage non-seulement à la ville de Lymoges, mais à toute la province, mesmes
que depuis un moys plusieurs personnes tant à cheval que à pied
estoient à diverses fois recognoistre la place, à ceste cause y en-
voyames le lendemain second du dict moys Mathieu du Mas, maistre charpentier, et François de Rancon, maistre masson, accom-
pagnés des archers du Viseneschal et d'un bon nombre de soldartz
pour les conduire en toute seureté au dict lieu.

Iceux ouvriers estantz de retour, nous rapportèrent qu'il y avoit
encores quatre tours et le dongeon, et la plus part des murailles
qui estoient bonnes, et que dans peu de jours, veu la situation du
lieu, s'y pourroient loger à couvert plusieurs ennemys après avoir
faict quelque peu de réparations.

Le troisiesme jour du dict moys envoyasmes vers le capitaine
L'Auvige, habitant de Souloniat, pour le prier de venir en ceste
ville, où estant le priames de prendre la peyne d'aller voir le dict
lieu pour incontinent après nous en donner advis certain.

Ce qu'ayant obtenu de luy, il nous rapporta fidellement le jour
apres que, veu la situation du lieu et qu'il n'y avoit qu'une venue,
et y restoit encores plusieurs murailles entières, facilement on s'y
pourroit loger, ayant mis quelques arquebuzierz aux avenues
pour empescher d'offence vingt ou trente paisantz qui pourroient
avoir remparé le lieu dans sept ou huit jours, tellement que par
après ce serait une des plus fortes placces de toute la province,
laquelle peu de gens pourroient garder.

Le quatriesme du dict moys furent convoqués par assemblée
générale les habitantz de la present ville aux quelz ayant faict
entendre la dicte affaire, furent tous d'opinion qu'il falloit y pourvoir au plus tost, de laquelle declaration fut donné acte par messieurs Lamy, lieutenant particulier; Ardent et Cibot, procureur et
advocat du Roy. Fult aussy arresté qu'il falloit envoyer commis-
sions aux paroisses circonvoysines du dict Chaslucet, pour faire
travailler à l'entière demolition les dicts habitantz d'icelles, selon
que ceux qui leur commanderoient verroient estre à faire.

A ceste cause envoyasmes de quatre-vingtz à cent soldatz pour
garder que lesditz ouvriers qui travailleroient à la dicte demolition
ne fussent offencés. Lesquelz solsdatz avec leur capitaine et aul-
tres habitantz de la dicte ville, soldatz volontaires, ensemble les
ditz archers du Viseneschal, y arrivèrent le cinquiesmè du dict
moys.

Avec lesquelz s'acheminerent lesditz Du Mas et De Rancon et leurs
serviteurs, fournis des outilz nécessaires qu'ils avoient demandés,
et aussy les ditz habitantz des dites paroisses s'y trouverent le
mesme jour qui leur avoit été commandé, et tellement y fut travaillé que dans quatre jours ils rendirent la place en tel estat qu'il
n'y a plus moyen d'y faire retraitte.

(2ᵉ regist. consul.. mss de la Mairie.)

PRISE DE MONTFERRAND

PAR LES COMPAGNONS DE CHALUSSET.

(Récit d'après Froissart.)

———

1387.

En 1387, Perrot le Bernois, chef de compagnons du parti anglais, occupait le château de Châlusset, dont il s'était rendu maître quelques années auparavant, avec Aymerigot Marcel, autre chef de bande, qui possédait le château d'Aloise, dans la Haute-Auvergne. Cette année, vers le milieu du mois de mai, quelques compagnons de la garnison de Châlusset, au nombre d'environ quarante lances, sortirent du château pour courir les aventures. Ils avaient pour capitaine un écuyer gascon nommé Géronnet de Ladurant, habile et courageux homme d'armes. Ils se dirigèrent vers l'Auvergne. Mais comme le pays se tenait sur ses gardes et redoutait fort de pareils gens, ils ne tardèrent pas à être signalés à

Messire Jean Bonne-Lance, gracieux et vaillant chevalier, qui se
tenait, de par le duc de Bourbon, sur les frontières du Bourbonnais.

Jean Bonne-Lance ayant demandé combien étaient les Anglais,
on lui dit qu'ils étaient environ quarante lances. « Pour quarante
lances, dit-il, nous n'avons garde. J'en veux mettre autant à l'en-
contre. » Et il s'avança sur les frontières de l'Auvergne et du Limousin, avec ce qu'il avait de gens. Il avait avec lui un chevalier
nommé Messire Louis d'Aubière, et aussi Messire Louis d'Apchon,
et le sire de Saint-Aubin.

Comme ils connaissaient bien le pays, ils prirent les champs
sans tenir voie ni chemin, et ils arrivèrent en un lieu où il fallait
que leurs ennemis passassent, à cause de diverses montagnes et
d'une rivière qui en descend, et qui est fortement grossie par les
pluies ou la fonte des neiges. Ils n'étaient pas là depuis une demi-
heure, quand voici venir les Anglais qui ne s'attendaient guère à
cette rencontre. Bonne-Lance et les siens abaissèrent leurs glaives,
et ils s'en vinrent, en poussant leur cri de guerre, sur ces compagnons qui étaient descendus au pied d'une montagne. Quand ceux-
ci virent qu'il fallait combattre, ils montrèrent bon visage; Géronnet, surtout, qui était bon écuyer, se mit en défense; il y eut
là, sur-le-champ, « forte rencontre de glaives, et des renversés
des uns des autres. » Mais, à vrai dire, les français étaient plus
habiles hommes d'armes que n'étaient les compagnons aventureux; et ils le montrèrent bien, car ils rompirent cette troupe, et
les renversèrent, « et les prirent et les occirent; » aucun d'eux
n'en retourna, si ce n'est quelques « varlets » qui se sauvèrent et
cachèrent, pendant que les autres combattaient. « Il y en eut
vingt et deux pris et seize morts sur la place : et fut le capitaine
pris, et fiancé prisonnier de Bonne-Lance. Puis ils se mirent au
retour. »

En chevauchant et en ramenant ses prisonniers, Bonne-Lance se
souvint que le mois précédent, comme il se trouvait à Montferrand en Auvergne, une dame de la ville lui avait dit qu'elle ver-
rait volontiers un Anglais. « Par Dieu! dame, lui avait répondu
Bonne-Lance, si l'aventure peut me venir si belle et si bonne que
j'en puisse prendre un qui vaille que vous le voyez, vous le verrez. » — « grand merci, dit-elle. »

Bonne-Lance prit donc le chemin de Montferrand, et les gens
de la ville furent très réjouis de sa venue et de la journée qu'il
avait eue sur les aventuriers qui couraient le pays. On passa trois
jours dans les fêtes et les divertissements. Géronnet et ses compagnons se rançonnèrent : Bonne-Lance fut avec eux de bonne composition; car il vit bien que c'étaient de pauvres compagnons
aventureux, et il mit la rançon des vingt-deux prisonniers, l'un
dans l'autre, vingt-deux cents francs. Et avant de s'en retourner
au siège de Ventadour, il dit à Géronnet : « Vous demeurerez ici
pour tous vos compagnons. Les autres s'en retourneront chercher

votre rançon ; et quand les deniers seront payés, vous partirez.
Or, souvenez-vous, Géronnet, que je vous fais bonne composition.
Si les nôtres, par aventure d'armes, deviennent vos prisonniers,
faites leur ainsi. — Par ma foi, répondit Géronnet, beau maître et
sire, volontiers ; car moi, et tous les nôtres, nous y sommes te-
nus. »

Bonne-Lance et sa troupe partirent de Montferrand pour aller
au siège de Ventadour ; ses prisonniers, au nombre de douze, restèrent dans la ville, et n'étant pas soumis à une surveillance trop
sévère, ils pouvaient aller se promener par la ville ; et pendant
quinze jours, ils firent des observations qui, plus tard, devaient
coûter cher aux habitants. Les autres dix retournèrent à Châlusset pour demander à Perrot le Bernois vingt et deux cents francs,
prix de la rançon convenue.

Quand le capitaine de Châlusset fut informé de l'aventure de
Géronnet de Ladurant, et comment lui et ses gens avaient été battus et faits prisonniers par Messire Jean Bonne-Lance, il n'en fit
pas trop grand cas, et il répondit à ceux qui lui en portaient la
nouvelle : « Vous êtes venus ici pour chercher de l'argent et obtenir la délivrance, n'est-ce pas ? — Oui, répondirent-ils ; on ne
gagne pas toujours. — Je ne connais, dit-il, ni gain ni perte ; mais
de moi ils n'auront rien, car je ne les y fis pas aller ; ils ont che-
vauché à leur aventure : dites leur, quand vous les verrez, qu'a-
venture les délivre. Pensez-vous que je veuille mettre mon argent
en tel emploi ? Par ma foi, beaux compagnons, nenni ; toujours
j'aurai assez de compagnons qui chevaucheront plus sagement que
ceux-là n'ont fait. Jamais je ne délivrerai, ni ne rachèterai un
homme, s'il n'est pris en ma compagnie. »

Telle fut la dernière réponse qu'ils purent obtenir de Perrot le
Bernois. Il suffit, dirent-ils entre eux ; que deux ou trois des nôtres retournent à Montferrand porter cette nouvelle à Géronnet : ils
le firent. Trois d'entre eux retournèrent à Montferrand : et en
passant près de Clermont, ils abreuvèrent leurs chevaux dans un
ruisseau qui court près des murailles, à la chute d'un moulin, et
là ils restèrent quelque temps dans l'eau, regardant la manière et
ordonnance des murs de Clermont, et comment ils n'étaient pas
trop haut à monter, ni trop malaisés. « Ha, cap de Saint-Antoine,
dirent-ils entre eux, comme cette ville de Clermont est bien pre-
nable ! Si nous y venons une nuit, nous l'aurons, surtout s'ils ne
font pas trop bonne garde. Puis, dirent-ils tous en riant, et en
leur gascon, nous la barguignons, et une autre fois nous l'acate-
rons. (Nous la marchandons aujourd'hui, une autre fois nous l'a-
chèterons.) On ne peut pas barguigner et acheter tout en un jour. »
Donc ils passèrent outre et chevauchèrent jusqu'à Montferrand, où
ils trouvèrent Géronnet et ses compagnons. Ils leur rapportèrent
la réponse qu'avait faite Perrot le Bernois, réponse qui leur causa
de la surprise et du découragement, car ils ne savaient où s'a-

dresser ailleurs pour se procurer le prix de leur rançon : ils restèrent un jour et une nuit dans une grande colère.

Le lendemain, Géronnet se ravisa et dit à ceux qui lui avaient porté la nouvelle : « Seigneurs compagnons, retournez vers votre capitaine, et dites-lui, de ma part, que je l'ai toujours servi bien et loyalement, tant que j'ai été près de lui, et que je le servirai encore, s'il lui plaît : mais qu'il sache bien que si je me fais français pour me délivrer, il n'y gagnera rien : pourtant je ne ferai cela qu'à contre-cœur, et le plus tard que je pourrai. Mais dites-lui qu'il nous délivre d'ici : et un mois après ma délivrance, je le mettrai en tel parti d'armes que, s'il tient à lui, il gagnera avec ses compagnons cent mille francs. »

Sur ces paroles, les trois compagnons gascons retournèrent à Châlusset, et trouvèrent Perrot le Bernois, à qui ils contèrent ce que lui mandait Géronnet de Ladurant. Il commença à réfléchir et dit ensuite : « Il pourrait bien être qu'il en fût ainsi qu'il dit. Je le délivrerai tantôt. » Il fit ouvrir un coffre, où il y avait plus de quarante mille francs, et tout venait du pillage, vous l'entendez, et non pas de ses rentes ni de ses revenus de Berne ; car en la ville où il est né et où il demeurait quand il partit de Berne, il n'y a que douze maisons, et le comte de Foix en est seigneur ; elle a pour nom la Ville-d'Adam, et elle est située à trois lieues d'Orthez (1). Perrot le Bernois fit compter devant lui vingt-deux cents francs, et puis cent francs pour les frais des compagnons. Il les fit mettre en une bourse et referma l'arche, et appela les trois compagnons qui étaient venus pour chercher l'argent : « Tenez, dit-il, je vous délivre vingt-et-deux cents francs. Au besoin, l'homme connaît son ami. Je les aventurerai. Il est bien de taille à en reconquérir autant et plus, s'il le veut. » Les compagnons prirent l'argent, partirent de Châlusset et retournèrent à Montferrand.

Quand Géronnet de Ladurant apprit que son argent était venu, et que lui et ses campagnons seraient délivrés, il en fut grandement réjoui, et il manda ceux qui devaient recevoir l'argent pour messire Jean Bonne-Lance : « Comptez, leur dit-il, car voilà tout ce que nous vous donnons. » Et ils comptèrent jusqu'à vingt-deux cents francs. Après cela, ils comptèrent pour leurs menus frais à leur hôtel, bien et largement, tellement que tous s'en contentèrent. Quand ils eurent payé partout, Géronnet emprunta des hommes et des chevaux pour le mener, lui et ses compagnons,

(1) M. Grellet-Dumazeau n'a-t-il pas été induit en erreur lorsqu'il a dit (Bullet. de la Société archéolog. du Limousin. t. 3, p. 44) que Perrot s'appelait le Bernois, parce qu'il était de Berne, village du comté de Foix ? Nous pensons qu'il s'appelait le Bernois, ou plutôt le Béarnais, parce qu'il était de Béarn, province que Froissard appelle Berne.

jusqu'à Chalucet, et pour ramener les chevaux à Montferrand ; puis, ayant pris congé de leurs hôtes, ils partirent et retournèrent à Chalucet.

Géronnet de Laduraut y reçut un très bon accueil. Les compagnons lui firent bonne chère, et après qu'il se fut reposé trois ou quatre jours, Perrot le Bernois l'appela et lui dit : « Or, Géronnet, la belle promesse que vous me signifiâtes par vos varlets a été certainement la cause de votre délivrance ; je n'étais tenu à rien envers vous, d'autant que, sans mon aveu, vous étiez allé chevaucher à l'aventure. Tenez donc votre parole, et faites qu'elle soit véritable, ou autrement il y aura chez moi un grand mécontentement et une grande colère contre vous. Et sachez, de vrai, que je n'ai pas appris à perdre, mais à gagner. — Capitaine, dit Géronnet, vous avez raison de dire cela, et je vous assure que, si vous voulez, je vous mettrai en quinze jours dans Montferrand. Il y a beaucoup à piller dans cette ville, car elle est riche et bien marchande : il y a des riches vilains en « grand'foison, » et messire Pierre de Giac, qui est chancelier de France, a dans cette ville, comme je l'ai appris, un grand trésor ; et je vous dis que c'est la ville où l'on fait le plus simple et le plus pauvre guet qui soit au royaume de France. Voilà la parole que je veux vous dire, et la promesse que je vous ai faite. — C'est bien dit, reprit Perrot le Bernois, avec un juron énergique ; j'adopte cet avis, et j'aviserai ; mais vous qui connaissez les dispositions de la ville, faudrait-il beaucoup de gens pour la prendre ? — Géronnet répondit : trois ou quatre cents combattants feront notre affaire, car ces gens de là-bas ne sont pas hommes de grande défense. — J'aviserai, reprit Perrot le Bernois avec un nouveau juron ; je signifierai ma volonté aux autres capitaines des forts des environs, et nous partagerons ensemble, et nous irons là-bas. »

Sur ce, Perrot le Bernois fit connaître secrètement sa volonté et son dessein aux capitaines qui tenaient des forts aux environs, et il fixa le lieu de la réunion au château de Fonzac, en Auvergne, qui était occupé par un capitaine gascon nommé Olim Barbe, aussi pillard que Perrot le Bernois.

Les compagnons s'assemblèrent donc à Fonzac, au nombre d'environ quatre cents, tous bien montés. Géronnet prit les devants, suivi de douze compagnons, vêtus en habits de gros varlets et marchands, et menant des chevaux de barnais, tout bâtés. Partis de Fonzac avant l'aube du jour, ils se mirent en route vers Montferrand, où ils entrèrent vers l'heure de none *(trois heures du soir.)* On ne fit pas attention à eux ; on n'aurait jamais pensé que ce fussent des pillards et des voleurs : on les prit pour des marchands qui venaient à la foire pour acheter des toiles ou des draps ; ils disaient qu'ils étaient de Montpellier, et qu'ils venaient là pour emplètes. Il y avait du reste beaucoup de marchandises, et un grand nombre de marchands venus des villes et des cités des environs.

Géronnet et les siens allèrent loger à l'hôtel de la Couronne. Ils « establèrent » leurs chevaux et prirent une belle chambre pour eux, et ils se tinrent tranquilles, sans aller par la ville, afin de n'éveiller aucun soupçon. Le soir venu, ils prirent soin de leurs chevaux, se pourvurent de chandelle, et veillèrent en menant joyeuse vie, pendant que l'hôte et l'hôtesse allaient se reposer.

Le soir de ce jour, Perrot le Bernois et sa troupe partirent de Fonzac. Ils étaient sept capitaines : d'abord, Perrot le Bernois, qui était le commandant en chef; puis le bourg (1) de Compane, qui s'appelait Ernauton; le bourg Anglais, le bourg de Carlat, Apton Seguin, Olim Barle et Bernaudon des Iles; il y avait encore un grand pillard de Berne, qui s'appelait le sire de Lane-Plane. Cette nuit il pleuvait et ventait, et il « fit un trop désespéré temps. » C'est pourquoi le capitaine du guet de Montferrand, par crainte du froid et de la pluie, ne sortit pas cette nuit de son hôtel; mais il envoya son fils, un jeune enfant de seize ans, lequel, quand il vint sur un guet, entre une porte et l'autre, y trouva quatre pauvres hommes qui veillaient et gelaient de froid. Ils lui dirent : « Prends-nous à chacun un blanc, et laisse-nous aller chauffer et dormir. » Celui-ci convoita l'argent et le prit, et les autres partirent de leur guet et retournèrent en leurs maisons.

Géronnet et les siens étaient toujours en faction à la porte de l'hôtel de la Couronne, pour savoir quand le guet retournerait. Voyant revenir le fils du capitaine et les hommes qui avaient quitté le guet, ils dirent : « La chose va bien; il fait maintenant une nuit exprès pour nous. Il n'y a si hardi dans la ville qui ne s'en aille coucher. Nous n'avons pas maintenant à craindre de ce côté. »

D'autre part, Perrot le Bernois et les siens chevauchaient tant qu'ils pouvaient, et il leur fallait passer assez près de Clermont, le long des fossés et des murs. A une lieue de Clermont, ils rencontrèrent Aymerigot Marcel, autre chef de bande, ami de Perrot le Bernois, que celui-ci essaya, mais en vain, d'entraîner dans cette entreprise. Arrivés sous les murs de Clermont, l'idée leur vint d'appliquer leurs échelles et de monter à l'assaut; mais ils se ravisèrent, en réfléchissant que Clermont était une ville puissante et bien peuplée, où les gens étaient bien pourvus d'armes; ils jugèrent prudent de passer outre, sans faire de bruit. Ils chevauchèrent tant, que vers les onze heures du soir ils arrivèrent assez près de Montferrant. Quand ils virent la ville, ils s'arrêtèrent à la distance de deux traits d'arc, et Perrot dit alors : « Voyez Montferrant. Nos gens sont dans la ville. Vous, demeurez tous ici. Je m'en irai cotoyant ces vallées pour écouter et savoir des nouvelles de Géronnet. Ne bougez pas jusqu'à mon retour. — Allez, répondirent les compagnons, nous vous attendrons ici. »

(1) Ce mot veut dire *bâtard*.

A ces mots, Perrot le Bernois partit, lui quatrième seulement ; il faisait si noir, si sombre et si ténébreux, qu'on ne voyait pas devant soi loin un arpent, et avec cela il pleuvait, il négeait, il ventait, il faisait « moult froid. » Géronnet, à cette heure, était sur l'allée des murs, attendant des nouvelles. Il regarda en bas, et vit, ce lui semblait, des ombres d'hommes qui allaient sur les fossés. Il commença à siffler ; tantôt l'entendirent ceux qui étaient en aguet, et ils approchèrent plus près, car, au fond des fossés, à cet endroit là, il n'y avait point d'eau. Géronnet demanda : « Qui est là ? qui êtes-vous ? — Perrot le reconnut aussitôt en son gascon, et lui dit : « Je suis Perrot le Bernois. Géronnet, es-tu là ? — Oui, dit-il. Appareillez-vous et faites approcher vos gens, car je vous ferai entrer par là. La chose est à point. Tous dorment dans la ville. — Par là ! répondit Perrot, Dieu me garde que jamais j'y entre par là, car si j'y entre, ce sera par la porte et non par ailleurs. » Géronnet, tout courroucé de cette réponse, lui répondit : « Mais par ma foi, Perrot, cela n'est pas en ma puissance ; venez par ici, faites apporter vos échelles de corde, et personne ne vous contestera le droit d'entrer et de monter. — Ecoute, Géronnet, dit Perrot, il est convenu que tu dois m'introduire dans la ville. Mais de la manière que tu me conseilles, je n'en veux point. Je n'y entrerai que par la porte. — Je n'y puis rien faire, dit Géronnet ; je ne puis vous faire entrer par la porte, car elle est fermée, et il y a au-dedans les gardes qui sont endormis. » Pendant qu'ils étaient à se disputer ainsi, quelques-uns des compagnons de Géronnet allaient et venaient sur les allées des murs, pour voir s'ils entendraient quelque chose. Assez près de là, il y avait, au pied des murs, une petite maison isolée, où demeurait un pauvre couturier, qui avait veillé jusqu'à cette heure et qui s'en devait aller coucher. Mais comme le vent porte le son des choses, il avait entendu parler sur les murs, car de nuit on entend « moult clair. » Il était sorti de sa maison et était monté sur les murs, et par hasard il rencontra ces compagnons qui allaient et venaient. Aussitôt qu'il les vit, il commença à crier. L'un d'eux s'élança sur lui, le prit par la gorge, et lui dit : « Tu es mort si tu souffles mot. » Quand il se vit ainsi menacé, il se tint tranquille et en silence, car il craignit la mort. Géronnet, qui avait entendu la voix de cet homme, se retourna et dit : « Ho ! ho ! ne tuez pas ce vilain ; il nous vient trop bien à point. Dieu nous l'envoie, afin que par lui nous menions à bout notre entreprise. » Alors il dit à Perrot le Bernois : « Perrot, retournez vers vos compagnons, et si vous entendez ouvrir la première porte, avancez, et avec vos haches et vos épées, brisez celle de devers vous, car nous serons à la porte. » Alors il lui raconta l'aventure de l'homme qu'ils avaient trouvé. Perrot partit de là, retourna vers ses compagnons et les mit au fait de tout ce que l'on vient d'apprendre. Géronnet de Ladurant dit à l'homme qu'ils avaient trouvé sur les murs : « Si tu ne fais pas notre volonté, tu es mort sans remède. — Et que voulez-vous que je fasse, dit cet homme. — Je veux, dit Géronnet, que tu ailles à la porte éveiller les portiers, et que tu leur dises que le capitaine t'envoie et qu'ils aient à ouvrir la porte, ou qu'ils te donnent les clefs, pour laisser entrer dans la ville des marchands de Montpellier qui viennent à la foire, et qui sont là, dehors, avec de grands fardeaux. — Je ne sais, dit l'homme, s'ils voudront me croire. — Oui, dit Géronnet, et tu leur diras, pour preuve de ce que tu avances, que le capitaine ne vint point hier soir au guet, mais que c'était son fils. Et si tu ne fais pas bien et sagement ce que je dis, je te tuerai de ma dague ; et fais de telle sorte que tu ne nous fasses pas manquer notre entreprise. »

Ce pauvre homme qui s'entendait menacer de mort, et qui en voyait les apparences, et ces Gascons tout prêts à le tuer, en était tout ébahi et tout effrayé ; et il leur répondit : « Je ferai loyalement de mon mieux tout ce que vous me demandez. » Il vint à la porte et heurta à l'endroit où dormaient ceux qui gardaient les clefs, et il fit tant qu'il les éveilla. Ils lui demandèrent : « Qui es tu, toi qui nous éveilles à cette heure ? — Je suis, dit-il, un tel ; et il déclina son nom. Ce soir, j'ai travaillé pour l'hôtel du capitaine, et lorsque je lui rapportais mon ouvrage, il a reçu des nouvelles de quelques marchands de Montpellier, qui sont là, dehors, avec leurs fardeaux, fatigués et mouillés. Il vous ordonne, par moi, de leur ouvrir la porte, ou de me donner les clefs, et je l'ouvrirai : et pour preuve de ce que j'avance, je vous dirai que ce soir il n'est point venu au guet, mais il y a envoyé son fils. — C'est vrai, répondirent-ils. Tu les auras. Attends un peu. » Alors l'un d'eux se leva, prit les clefs de la porte qui pendaient à une cheville, ouvrit une petite fenêtre et les lui donna. L'homme prit les clefs, et aussitôt qu'il les tint, Géronnet les lui enleva ; puis, venant au fléau de la porte, par hasard il mit tout d'abord dans la serrure la clef qui y allait, et il l'ouvrit toute entière. Puis il alla avec tous ses compagnons à l'autre porte, et il chercha à l'ouvrir ; mais il ne put en venir à bout. Perrot le Bernois et sa troupe étaient en dehors, attendant que la porte fût ouverte. Alors Géronnet leur dit : « Beaux seigneurs, aidez-nous, et avancez-vous. Je ne puis ouvrir cette seconde porte. Brisez-la à coups de haches, autrement vous ne pourrez entrer dans la ville. » Aussitôt les compagnons qui étaient pourvus de haches et de cognées, commencèrent à frapper sur la porte comme des charpentiers. Quand ils l'eurent trouée, ils firent passer à Géronnet et à ses compagnons des haches et des cognées pour couper le fléau de la porte. A ce bruit, plusieurs hommes s'éveillèrent et se demandèrent avec étonnement ce que ce pouvait être, car jamais ils n'eussent pensé ni imaginé que les Anglais fussent venus pour les éveiller à cette heure. Ils demeurèrent un moment dans cette pensée sans se lever, puis ils songèrent à se rendormir. Mais les gardes de la porte, qui l'avaient mal gardée, entendant retentir les coups redoublés, et les gens parler, et les chevaux hennir, connurent aussitôt qu'ils étaient trompés et surpris. Ils se levèrent, vinrent aux fenêtres de la porte et commencèrent à crier : « Trahis! trahis ! » Et aussitôt les gens de la ville se réveillèrent en grand effroi. Plusieurs se levèrent, s'occupèrent à sauver leur trésor et à s'enfuir vers le château. Mais très peu de gens y entrèrent; car lorsque le châtelain qui le gardait apprit que les Anglais avaient pris la ville, de crainte de perdre davantage il ne voulut jamais abaisser le pont-levis. Quelques-uns de ses amis, qui s'aperçurent les premiers de l'aventure, furent recueillis par lui sur une planche; mais quand il entendit dans la ville le bruit qu'y causait l'effroi général ; quand il entendit crier les hommes, les femmes et les enfants, il retira à lui la planche et ne voulut plus la remettre, et il veilla à ce que le château fût bien gardé et défendu, si on venait à l'attaquer.

Nous avons vu comment la première porte avait été ouverte, et la deuxième rompue et brisée à force de cognées et de haches. Donc les capitaines et leurs troupes entrèrent dans la ville tout bellement et tout paisiblement. Et tout d'abord, sans entrer dans aucune maison, voulant savoir si quelques-uns se réveilleraient et se réuniraient pour se défendre, ils allèrent par la ville et la parcoururent toute entière. Mais ils ne trouvèrent nulle part des gens qui se missent en défense, si ce n'est quelques-uns qui s'étaient retirés vers le château et qui songeaient à y entrer. Ceux-ci se défendirent un peu, mais bientôt ils furent mis en déroute et tués ou faits prisonniers. Que vous dirai-je de plus ? C'est ainsi que la ville de Montferrand en Auvergne fut prise de nuit, le jeudi avant le dimanche gras, treizième jour du mois de février, par Perrot le Bernois et ses complices : et aussitôt qu'ils se virent maîtres de la ville, ils se logèrent dans les hôtels tout à leur aise, sans mettre le feu ni faire aucune violence, car Perrot le Bernois le défendait sous peine de mort.

Le lendemain matin, les capitaines, seigneurs de la ville, tinrent les hommes prisonniers de telle façon qu'ils ne pouvaient partir ni leur porter dommage. Ils cherchèrent partout, et prirent et firent empaqueter draps, toiles, linges, étoffes, velours et toutes autres choses dont ils croyaient tirer profit. Ils avaient tenu conseil et délibéré sur le parti qu'ils avaient à prendre, s'ils tiendraient la ville ou non. Les uns voulaient qu'on s'y fortifiât, les plus sages s'y opposaient et disaient que ce serait une folie de demeurer là, car ils seraient bientôt enfermés de tous côtés, et ils étaient trop éloignés de leurs forts pour en recevoir du secours. Ils seraient donc pris et affamés par un long siège, car il y avait au pays « grand-foison » de gentilshommes, de cités et de bonnes villes ; le duc de Berry ne tarderait pas d'envoyer le maréchal de France, messire Louis de Sancerre : le comte d'Armagnac, le comte dauphin d'Auvergne, y viendraient aussi mettre le siége, avec de hauts barons et de puissants seigneurs.

Cet avis de Perrot le Bernois et d'Olim Barbe prévalut. Les capitaines arrêtèrent et conclurent ensemble que, sur le soir, ils partiraient et emmèneraient leur butin et leurs prisonniers, au nombre de plus de deux cents.

Ce jour-là même, la nouvelle étant arrivée à Clermont que les Anglais avaient, dans la nuit, pris et conquis la bonne ville de Montferrand, les habitants en furent tout ébahis, car ils étaient trop proches voisins. Et pendant que la ville était dans l'effroi et l'alarme, environ soixante compagnons, bien montés et bien armés, firent le projet de sortir de la ville, pour chevaucher vers Montferrand, faire aux barrières quelques escarmouches, et puis s'en retourner à Clermont. Personne ne les détourna, car il y avait, dans la compagnie, des plus notables de la ville, qui, selon leur état, désiraient les armes. Ils montèrent à cheval, et emmenant avec eux trente arbalétriers, ils chevauchèrent vers Montferrand. Plus de deux cents hommes de pied sortirent de Clermont et se mirent à leur suite.

La nouvelle fut bientôt portée aux compagnons seigneurs de Montferrand, que les hommes de Clermont étaient venus les voir et étaient devant les barrières de la porte. Réjouis de cette nouvelle, les plus habiles, au nombre de plus de cent, montèrent à cheval, firent ouvrir la porte, et sortirent en troupe en s'écriant : « Saint-George ! » Quand les Clermontois les virent venir ainsi, avec si grand courage, ils furent tellement abattus et effrayés, qu'ils commencèrent à reculer, sans faire mine de se défendre, et ils s'enfuirent de côté et d'autre. Les mieux montés, qui étaient devant, au départ de Clermont, furent les premiers rentrés dans la ville : et si les chevaux des Gascons eussent été aussi bons et aussi frais que ceux des Clermontois, ceux-ci fussent restés tous ou presque tous sur la place. Les hommes de pied, voyant la déroute des cavaliers, prirent aussi la fuite et sautèrent de vigne en vigne, et de fossé en fossé, pour se sauver. Les arbalétriers de Clermont, voyant fuir leurs gens, furent moins lâches que les autres ; et s'étant mis en un vignoble, ils s'arrêtèrent et tendirent leurs arcs, et firent mine de se défendre. On ne s'avisa pas d'aller les attaquer dans cette position ; et ils y restèrent jusqu'à ce que les Anglais furent rentrés dans Montferrand. Les Clermontois perdirent vingt de leurs hommes : six furent tués et quatorze fait prisonniers.

Toute cette journée, jusqu'à l'heure de la soirée qui avait été fixée pour le départ, chacun des compagnons s'occupa à disposer et empaqueter son butin. A six heures du soir, ils eurent tout préparé et tout chargé sur leurs chevaux. Ils se mirent tous à pied ; il n'y en avait pas soixante qui fussent à cheval ; et ils mirent en route leurs bêtes de somme et leurs chariots ; et ils avaient bien quatre cents chevaux, tous chargés de bel et bon avoir, de draps, de toiles, de velours, d'étoffes, et de toutes autres choses qui leur étaient nécessaires. Ils trouvèrent les coffres tout pleins dans ces riches hôtels ; mais ils les laissèrent tous vides. Ils firent marcher leurs prisonniers en les attachant deux à deux, et quand ils eurent tout fait, sur la nuit, ils firent ouvrir la porte et partirent. Ils ne s'arrêtèrent que dix-huit heures à Montferrand. Ils firent passer devant les bêtes de somme et les chariots : les prisonniers, les gens de pied venaient ensuite, et en dernier lieu les capitaines qui étaient à cheval. Il était nuit et il faisait noir, et le pays ne soupçonnait pas un pareil convoi; c'est pourquoi ils ne furent point poursuivis. Vers minuit, ils arrivèrent à Fonzac, d'où ils étaient partis deux jours auparavant; et là ils déchargèrent tout leur pillage et se réjouirent de tout ce qu'ils trouvèrent; et ils avaient lieu d'être contents, car il me fut dit, au pays même (ajoute Froissard), qu'ils eurent de profit en ce voyage la valeur de cent mille francs, sans compter la rançon de leurs prisonniers. Messire Pierre de Giac, chancelier de France, y perdit tout seul trente mille francs en or.

Les compagnons Anglais et Gascons furent bien conseillés en laissant si promptement la ville de Montferrand. S'ils y fussent restés deux jours plus tard, ils n'en fussent jamais sortis qu'en courant grand danger de perdre la vie; car dans tous les pays environnants, chevaliers et écuyers se réunissaient pour mettre le siége devant la ville. Le sire de la Tour et le sire de Montaigu, messires Hugues Dauphin et Louis d'Aubière, et un grand nombre d'autres accouraient; nul ne demeurait en arrière.

Cependant Perrot le Bernois, Olim Barbe, le bourg de Compane, le bourg Anglais, Apchon Seguin et les autres capitaines des garnisons, étant arrivés à Fonzac, partagèrent entre eux leur pillage, leur butin et leurs prisonniers. Ils en rançonnèrent quelques-uns et emmenèrent avec eux les autres, pour se retirer chacun dans son château, les uns à Carlat, les autres à Châlusset, et ainsi de garnison en garnison. Le pays d'Auvergne se tint sur ses gardes mieux qu'auparavant. Toutefois le comte d'Armagnac et le comte Dauphin envoyèrent reprocher à Perrot le Bernois la conduite traitreuse et déloyale avec laquelle il avait pris la ville de Montferrand, dont il avait pillé les richesses et emmené les habitants prisonniers. Ils lui demandaient réparation sur tous ces points, puisqu'ils étaient ensemble en traité et en trêve, comme il le savait fort bien. Perrot le Bernois répondit que, sauf leur grâce, lui et les capitaines qui avaient été à Montferrand n'étaient nullement en traité avec eux; qu'ils n'avaient point pris la ville par fraude, par assaut ou par escalade, mais qu'il y étaient entrés par la porte, qu'on avait ouverte devant eux; que, lorsqu'ils auraient fait ensemble un traité, il le tiendrait, pour sa part, bien et loyalement; mais qu'il n'avait pas l'intention de le faire encore. Les choses en demeurèrent là : messire Pierre de Giac fut très courroucé de ce qu'il avait perdu, et les hommes de Montferrand qui avaient été fait prisonniers se rachetèrent du mieux qu'il leur fut possible. Ainsi en advint-il de cette aventure.　　　　A.

(D'après FROISSARD, L. 3, chap. 99 — 101).

EXPÉDITION

DE PERROT LE BERNOIS

(1388).

Le comte Richard d'Arondel, amiral de la flotte anglaise, après avoir long-temps promené ses vaisseaux le long de côtes de Bretagne et de Normandie, forma le projet de se diriger vers la Rochelle, pour y opérer une descente et tenter aux environs quelque expédition. Après un conseil tenu entre l'amiral et les grands de son armée, il fut arrêté entre eux qu'ils feraient connaître secrètement leur dessein à leurs alliés, les compagnons de l'Auvergne et du Limousin, par quelqu'un des leurs qu'ils débarqueraient sur le rivage. Ils choisirent à cet effet un « Breton bretonnant » qui était de la nation de Vannes, lequel savait parfaitement bien, trois, voire même quatre langues, le breton bretonnant, l'Anglais, l'Espagnol et le Français; et avant de le déposer au moyen d'une barque sur le rivage, ils lui donnèrent de telles informations : « Tu t'en iras secrètement par tout ce pays. Tu connais bien les chemins détournés; tu feras tant que tu iras à Chalucet; salue pour nous Perrot le Bernois, et dis-lui de notre part, qu'il mette en campagne une troupe à cheval d'hommes d'armes et de compagnons ; qu'il en fasse venir aussi des forts et des garnisons qui nous obéissent et qui font la guerre en France en notre nom. Tu ne porteras point de lettres, par crainte des aventures et des rencontres. Dis, si tu trouves quelque danger, que tu voyages pour un marchand de vin de la Rochelle qui t'envoie quelque part ; tu passeras toujours bien ; tu diras à Perrot le Bernois qu'il presse ses gens de se mettre en marche ; qu'il tienne en crainte et en guerre le pays de Berry, d'Auvergne et de Limosin ; qu'il tienne les champs avec son armée, car nous débarquerons aux environs de la Rochelle, et là, nous ferons telle guerre, qu'il en aura bien la connaissance. »

Le Breton dit qu'il s'acquitterait fidèlement de son message, si un trop grand empêchement ne l'encombrait sur le chemin. Il fut déposé par une barque sur le sable du rivage. Et comme il connaissait bien toutes les frontières de Bretagne, il se mit en route, et évita d'abord toutes les villes ; puis, passant par le Poitou, il entra en Limousin, et il chemina tant par ses journées, qu'il vint à Chalucet, dont Perrot le Bernois était capitaine. Ce messager vint aux barrières et se fit connaître à ceux de la garnison. On l'introduisit dans le château, quand on l'eut examiné à la porte, et puis il fut mené devant Perrot le Bernois, et il fit son message bien exactement, lequel message causa à Perrot une grande joie, car il désirait apprendre des nouvelles vraies de la flotte anglaise. Or, il les eut toutes fraîches. Il dit au Breton : « Tu nous es le bien-venu. Aussi avions-nous tous, moi et mes compagnons, grand désir de chevaucher ; et nous chevaucherons en toute hâte, et puis après nous ferons ce qu'on nous enseignera. »

Là-dessus, Perrot le Bernois manda au capitaine de Carlat, le bourg de Compane, au capitaine de Fonzac, Olim Barbe, au capitaine d'Aloise près Saint-Flour, Aimerigot Marcel, et aux autres capitaines qui tenaient le pays, en Auvergne et en Limousin, qu'il avait l'intention de chevaucher et qu'ils eussent tous à se mettre en campagne, en laissant toutefois dans leurs forts, à leur départ, des garnisons assez fortes pour qu'ils n'en reçussent pas de dommage. Ces compagnons qui avaient tous autant que Perrot le Bernois un grand désir de chevaucher (car ils ne pouvaient s'enrichir qu'aux dépens des autres), prirent aussitôt leurs mesures, et se mirent secrètement en campagne : et ils s'en vinrent secrètement à Chalucet où se faisait l'assemblée générale ; ils s'y trouvèrent bien quatre cents lances. Il leur sembla qu'ils étaient assez nombreux pour faire une grande expédition : car ils ne connaissaient dans le pays aucun seigneur qui pût nuire à leur entreprise, ni même l'empêcher ; car ils pensaient bien que messire Guillaume de Lignac et le chevalier Jean Bonne-Lance ne laisseraient pas pour eux le siége de Ventadour. Ils commencèrent à chevaucher et à être maîtres des champs ; ils laissèrent l'Auvergne à droite et le Limousin à gauche ; et ils prirent le droit chemin pour entrer en Berry, car ils savaient bien que le duc n'y était pas, et qu'il se tenait près du roi, à Montereau-Faut-Yonne.

Cependant le comte d'Arondel et les seigneurs qui étaient avec lui étant partis des côtes de Bretagne, cinglèrent, à l'entente de Dieu et du vent, à pleines voiles vers La Rochelle; car ils avaient le temps et la marée pour eux; et il faisait si beau, et le vent soufflait si à point, que c'était grand plaisir de voir ces vaisseaux voguer sur la mer, au nombre d'environ cent vingt voiles, et de voir flotter ces bannières richement ornées des armoiries seigneuriales qui resplendissaient comme le soleil. Ainsi s'en vinrent-ils, voguant doucement sur cette mer qui alors était calme, et qui semblait montrer qu'elle avait grand plaisir de les porter. De même qu'un cheval qu'on a long-temps retenu captif, quand il se voit hors de l'étable, a grand désir de cheminer, de même la mer, avec l'aide du vent qui était aussi favorable qu'on pouvait le désirer, semblait dire par figure : « Cheminez joyeusement et hardiment; je suis pour vous. Je vous conduirai dans le port sans aucun péril. » Ainsi les seigneurs Anglais et leurs vaisseaux côtoyant le Poitou et la Saintonge, entrèrent dans la mer de La Rochelle et vinrent débarquer en face de la ville de Marault.

Le guet du château de Marault, qui avait vu approcher la flotte anglaise, et les barques aborder sur le rivage, sonna du cor et fit grand bruit pour réveiller les gens de la ville et les avertir de sauver ce qu'ils avaient de plus précieux : les habitants se hâtèrent de se réfugier dans le château, en y portant quantité de leurs meilleures choses. Les archers anglais, étant sortis de leurs barques, commencèrent à piller la ville, car ils n'y étaient pas venus pour un pèlerinage. Heureusement ils trouvèrent peu à piller, excepté de grands coffres vides.

Nous n'entrerons pas dans les détails d'une sortie que firent contre l'armée anglaise deux vaillants chevaliers français, Pierre de Yon et Pierre Taillepié, qui commandaient la ville de la Rochelle. Froissard raconte cette escarmouche avec assez de complaisance : mais nous avons hâte d'arriver au sujet qui nous intéresse, c'est-à-dire, à Perrot le Bernois.

Pendant que l'armée anglaise était à Marault, dans le Rochelais, Perrot le Bernois et sa troupe, composée d'environ quatre cents lances et d'autant de pillards, se mettait en campagne. Les compagnons passèrent en Limousin et vinrent en Berry : ils enlevèrent, en un jour, toutes les marchandises de la ville du Blanc, en Berry, où il y avait alors foire; ils firent là grand profit et de bons et riches prisonniers; puis, passant outre, ils allèrent jusqu'à Selles, en Berry, et pillèrent toutes les richesses de la ville.

Ainsi se comportèrent Perrot de Berne et le bourg de Compane, et Aimerigot Marcel, et Olim Barbe et les autres; et ils y firent grand dommage, car personne ne s'opposait à leurs dévastations. On fut très effrayé en deçà et au-delà de la rivière de Loire, et jusques dans la Touraine et dans le comté de Blois; car on ne pouvait imaginer ce que ces deux armées, qui se tenaient en campagne, avaient le dessein de faire. Quelques-uns disaient que ces deux armées devaient faire leur jonction : mais il n'en arriva pas ainsi, car l'armée anglaise se retira, et ainsi firent Perrot le Bernois et sa troupe.

Quand les compagnons eurent grandement pillé le pays, ils eurent conseil de se retirer dans leurs châteaux, et de mettre en lieu sûr tout ce qu'ils avaient conquis et gagné dans leur expédition. Les uns s'en allèrent à Aloise, les autres à Fonzac ou à Carlat; Perrot le Bernois se retira à Chalucet. Il n'y eut plus de fait d'armes, ni de chevauchée, pour cette saison, en Auvergne ni en Limousin.   **A.**

(D'après Froissard , L. 3, ch. 112 et 113).

NOTES HISTORIQUES.

Nous devons à l'amitié de M. Aug. Du Boys la communication de la *note* suivante que nous regrettons de n'avoir pu insérer parmi les *documents historiques*, p. 26, comme l'ordre chronologique le demandait.

1424-1428.

La province du Limousin tenait tous les ans une assemblée de ses trois Etats, soit pour l'assiette et la répartition des impôts qu'elle fournissait au roi de France, soit pour y traiter les affaires importantes du pays.

En 1424, à la suite d'une de ces assemblées, le roi avait délégué à *Guillaume d'Albret*, seigneur d'Orval, son lieutenant en Limousin, une somme de quatre-vingts francs que lui devait la ville de Pierrebuffière pour sa portion sur les tailles.

Vers Noël de la même année, le sire d'Orval envoya, pour percevoir cette somme, *Jehan de l'Age-Aumont, Damoiseau*, commissaire de l'archiprêtré de la Meyze, et un nommé *Machoart*, receveur général des tailles. Les habitants de Pierrebuffière, informés de leur arrivée, s'armèrent, de grand matin, d'épées et de bâtons, et déclarèrent qu'ils ne voulaient rien payer. Ceci se passait à l'insu du seigneur de la ville, *Louis de Pierrebuffière*, qui fut vivement irrité de cette dure réception.

Jehan de l'Age-Aumont et Machoart avaient été obligés de se retirer, sans aucune recette.

Le sire d'Orval, qui se présenta en personne quelque temps après, ne fut pas plus heureux que ses commissaires. Ce que voyant, il se retira à Saint-Léonard et manda le seigneur de Pierrebuffière pour l'entretenir de cette affaire. Il lui dit qu'il devait pareille somme à *Jehan de Saint-Paul*, ou de *Lesparre*, qui était en garnison dans le château de *Châlucet*, avec *Etienne de Clermont*, commandant dudit château pour maître *Bernard Férand*, chevalier, gouverneur des terres du sire d'Albret, en Limousin, et que voulant payer ledit Jehan de Saint-Paul, il allait lui envoyer une délégation sur la ville de Pierrebuffière.

Il y eut bientôt guerre entre les occupants du château de Châlucet et les habitants de Pierrebuffière qui, ayant été battus, furent obligés de payer l'année suivante.

Les hostilités ne cessèrent pas pour cela, et durèrent encore deux ans.

Jehan de Blois dit de *Bretagne*, sire de *l'Aigle*, qui avait conservé des prétentions sur la vicomté de Limoges depuis 1417, époque à laquelle les habitants de cette ville refusèrent de le reconnaître pour vicomte, et qui venait d'échouer dans la nouvelle tentative qu'il avait faite de surprendre Limoges (1426), prit le parti de la ville de Pierrebuffière, et il en résulta une correspondance des plus actives avec *Pothon de Xaintrailles*, commandant les troupes du château de Limoges, et qui protégeait les habitants de Châlucet.

Ce différend prenait de telles proportions que Charles VII s'en mêla et convoqua les Etats du Limousin à La Souterraine, pour le mardi 1er avril 1427. Cette assemblée devint inutile par l'accord qui fut fait entre les sieurs *de l'Aigle* et le nouveau lieutenant de Châlucet, *Tandonnet de Fumel*, nommé tout récemment par Pothon. Il fut convenu qu'on payerait à de Fumel six cents écus d'or, et que pour effectuer ce paiement, on établirait un impôt militaire sur les lieux suivants : Pierrebuffière, Châteauneuf, Château-Chervix, Masseré, La Roche-l'Abeille, Breu, Les Cars, Ségur, Nexon, Aixe, Saint-Yrieix, etc.

Peu de temps après cet arrangement, le 11 mai 1428, de l'Aigle partit de Pierrebuffière et se rendit à Aixe, pour se rapprocher de Limoges qu'il ne perdait pas de vue. Il profita, pour faire la guerre aux habitants du château de Limoges, de l'absence de l'impétueux Pothon, qu'il avait appris à redouter et qui venait de se retirer à Beaugenci, dont il était le capitaine (1).

Auguste Du Boys.

(1) Ce trait d'histoire, rapporté par Duroux d'une manière assez diffuse, a été extrait d'un registre contenant les minutes d'un notaire de Pierrebuffière nommé Tarnelli (Tarneau). Ce notaire, qui écrivait en latin, avait soin d'enregistrer, jour par jour, tout ce qui se passait de son temps.

Nous donnons ici le texte original de la petite *note* citée à la page 26.

1438.

In sequenti verò die, scilicet in die Jovis nonas V, fecit sibi parari capellam beati Benedicti, et ibi totum servitium suum fecerunt quamdiù in dictâ illâ stetit, et nos in choro. In recessu suo de Ecclesia, ipsa die ante prandium, in domo ubi manebat, magister Martialis Bermundeti Locum tenens regius et consul dicte ville in ipso anno, multum benè et notabiliter coram rege proposuit et arengam fecit, exponens et dicens publicè paupertates, miserias et afflictiones, raubationes *Castri Luceti*, et alia quæ patiebatur omni die patria; et omnia rex libenter et benignè audivit et consilium ejus, promittens se appositurum remedium infra breve tempus.

(Passage de Charles VII à Limoges, mss.)

1847.

Le 23 septembre 1847, la Société Française pour la conservation des monuments, qui avait tenu des séances à Limoges pendant quelques jours, fit une promenade archéologique au château de Châlusset. On remarquait parmi les visiteurs : MM. de Caumont, directeur de la Société Française; le docteur William Bromett, de la société des Antiquaires de Londres; Charles Desmoulins, inspecteur divisionnaire de Bordeaux; Gaugain, de Bayeux, trésorier de la société Française; Léo Drouyn, artiste distingué, inspecteur des monuments de la Gironde; Félix de Verneilh, de Nontron, inspecteur de la Haute-Vienne; Jules Lecointre, de Poitiers, secrétaire de la société des Antiquaires de l'Ouest; l'abbé Texier, inspecteur des monuments de la Haute-Vienne; Jules de Verneilh, habile dessinateur, de Nontron; le baron de Vernon; le docteur Bardinet; l'abbé Delor, curé de Saint-Pierre; Auguste Du Boys, Nivet-Fontaubert, et plusieurs autres membres de la société Française.

Deux jours après, en rendant compte de la session dans l'*Avenir National*, nous parlions ainsi de cette course archéologique : « Jeudi dernier, dix-sept membres du Congrès ont fait une promenade archéologique à Solignac et à Châlusset. L'église byzanline de l'abbaye a provoqué une étude attentive; le château de Châlusset, avec ses magnifiques ruines, a excité l'admiration des étrangers, qui ont déclaré n'avoir trouvé que sur les bords du Rhin des restes aussi importants, un plan aussi vaste, un site aussi pittoresque. Deux dessinateurs de la plus grande habileté, MM. Jules de Verneilh et Léo Drouyn, inspecteur de la Gironde, ont pris des croquis aussi heureux que rapides de ces remarquables monuments »   (25 septembre 1847.)

Une disposition architecturale qui ne pouvait échapper à l'œil observateur des membres du Congrès, c'est que les deux donjons de Châlusset n'ont leur porte qu'à une certaine hauteur. La tour de Jeannette, en particulier, n'est accessible qu'au moyen d'une échelle. Les donjons des châteaux situés sur les bords du Rhin offrent généralement cette disposition. Les châteaux de Wineck, de Waldeck, de Plixebourg, de Saint-Ulrich, situés en Alsace, montrent tous ce caractère et cette particularité. (Voir le *Bulletin monumental* de M. de Caumont, t. 17, n° 4, p. 257.)

Nous avons réuni ces descriptions et ces documents historiques en faveur des touristes et des curieux qui vont faire un pélerinage archéologique à Châlusset. Nous avons pensé que ce serait un agrément pour les visiteurs de pouvoir lire, en parcourant ces ruines, la description qui en a été faite par des hommes compétents, et de connaître quelques-uns des événements dont ce vieux château a été le théâtre. Si les ruines deviennent intéressantes par les souvenirs historiques qu'elles rappellent, quelles ruines, dans notre province, peuvent offrir plus d'intérêt que celles de Châlusset? Et comme l'église de Solignac, tout près de là, mérite d'être étudiée par les archéologues, nous avons joint quelques notes sur ce remarquable monument.

L'abbé ARBELLOT.

Septembre 1851.

NOTES

SUR L'ÉGLISE DE SOLIGNAC.

Il ne reste guère rien aujourd'hui de l'abbaye fondée par saint Eloi. Quelques briques épaisses employées çà et là dans la construction et parfois servant de claveaux, quelques morceaux de serpentine utilisés, en petits tronçons, pour les colonnettes du portail, voilà tout ce qui rappelle qu'il a existé autrefois, à Solignac, un édifice bâti dans un temps où l'usage des terres cuites était encore général et où l'architecture recherchait les matériaux précieux. D'ailleurs l'église est de style purement roman par son ornementation et toute son architecture extérieure. Mais, à l'imitation des monuments byzantins du Périgord, elle est voûtée en coupoles, et c'est la seule de tout le Limousin. Sur la nef, il y a trois coupoles ; il n'y en a point sur le transept méridional, lequel est voûté en berceau ; on en trouve une quatrième sur le transept du nord, qui, destiné à servir de paroisse, avait reçu un développement anormal et s'ouvrait à l'ouest par une porte particulière ornée des figures du Christ et des Apôtres.

L'abside, arrondie à l'intérieur, est polygonale extérieurement ; il en est de même de la principale chapelle du rond-point avec laquelle le cloître était directement en communication au moyen d'un corridor voûté. Les quatre autres chapelles rayonnantes sont semi-circulaires au dehors aussi bien qu'au dedans.

Les coupoles sont très basses et ont toujours été cachées par le toit. Un clocher énorme s'élevait primitivement au-dessus de celles du transept septentrional ; mais sur une base ainsi évidée, sa solidité devait laisser beaucoup à désirer, et comme les grands arcs, sur les reins desquels reposaient ses murs, écrasaient et découron-

4

naient les piliers, on se vit obligé, à une époque très reculée sans doute, de le démolir presque en entier.

Un autre clocher, dont il ne subsiste que les deux premiers étages, termine la nef à l'occident, mais il paraît postérieur d'un demi-siècle au corps de l'édifice dont il n'a point conservé l'axe.

Les colonnes et les arcatures qui revêtent tout l'extérieur du monument forment un ensemble assez élégant, surtout à l'abside qui, exhaussée sur une crypte à cause de la déclivité du terrain, a de bien meilleures proportions que la nef. Les arcades-fenêtres de cette dernière partie de l'église ont quelquefois des trèfles pour amortissement, ce qui se voit rarement. A l'intérieur, elles sont appliquées le long des murs, de manière à former une galerie, et sont soutenues par des colonnes ou par des pilastres carrés alternant toujours avec des consoles. Les sculptures tantôt en granit, tantôt en pierre calcaire, offrent naturellement une exécution fort inégale. Il en est que Beauménil tenait pour gauloises et qui ne sont que grossières. Quelque soit le motif qui les a fait admettre dans un monument religieux, on ne peut s'empêcher de les trouver inconvenantes. Les chapiteaux de l'intérieur de l'église présentent une curieuse particularité. Bien que très variés et très capricieux dans leur forme, ils se ressemblent tous, deux à deux, et se correspondent exactement depuis le portail jusqu'au fond de l'abside.

Il n'est point douteux que la construction de l'abbaye actuelle de Solignac ne doive se placer dans le XIIe siècle. Mais on pourrait préciser cette date au moyen d'une note communiquée par M. Nivet. Elle a été prise par M. Lingaud, secrétaire général de la mairie de Limoges, sur un ancien manuscrit aujourd'hui perdu, et constate que la dédicace de l'église fut faite en 1143. En 1178, un incendie, dont parle le Gallia Christiana, dévora les bâtiments du monastère et la toiture de l'église, ce qui donna lieu, en l'an 1200, à une nouvelle dédicace. Enfin, en 1479, l'abbé de Bony renouvela les stalles et les vitraux.

FÉLIX DE VERNEILH.

Vitraux de Solignac.

La magnifique église byzantine de Solignac ne fut pas épargnée pendant les guerres de la domination anglaise ; mais la Providence lui réservait un abbé qui devait réparer ses désastres : nous voulons parler de Martial Bony de Lavergne, prieur d'Auesde, nommé à cette abbaye en 1456. Les voûtes découvertes, les vitraux brisés, le pavé défoncé, appelaient des réparations urgentes. Sa générosité y pourvut. Par ses soins, le chœur s'enrichit d'une boiserie de chêne admirablement sculptée ; les fenêtres reçurent une clôture historiée en couleur : tous ces embellissements furent exécutés, pendant son administration, de 1456 à 1484.

Il y a trente ans, toutes les fenêtres étaient encore ornées de vitraux à demi brisés par la révolution ; mais l'entretien et la restauration de cette vitrerie dépassaient les ressources d'une commune rurale ; d'ailleurs les fourneaux dédaignés des peintres verriers s'étaient éteints au milieu de l'indifférence pour leur art qui caractérisait cette époque... Les vitraux de Solignac sont tombés pièce à pièce : il n'en reste aujourd'hui en place que dix panneaux représentant quatorze personnages. Ces débris eux-mêmes sont en désordre, et vont périr au premier jour si l'administration ne vient au secours de cette église par une généreuse allocation (1). La générosité de Bony de Lavergne méritait un meilleur avenir : son peintre verrier ne fut pas moins habile que son sculpteur. Des subdivisions gothiques figurées dans les fenêtres à plein cintre du monument byzantin reçurent des figures de saints isolées, super- posées ou groupées deux à deux. Ces petits personnages, d'un ton de couleur vif et doux, sont finement exécutés ; la carnation est assez heureusement teintée. On distingue les figures de saint Martial, patron du donateur ; de saint Austriclinien et de saint Louis, indiqués par des inscriptions. Les armes de France réduites, *d'azur à trois fleurs de lis d'or*, y brillent à côté de celles de l'abbé de Bonny, *de gueules à trois anels ou cercles d'or, deux et un*. Le même écusson se retrouve sur la boiserie du chœur.

TEXIER.

Stalles du chœur.

Les stalles du chœur ne sont pas la partie la moins curieuse de l'édifice. Les ogives en accolades, les subdivisions flamboyantes et prismatiques des moulures qui les surmontent, les rinceaux, les feuillages délicats dont elles sont ornées, annoncent qu'elles ont

(1) La *commune* de Solignac forme deux *paroisses* ayant chacune son église. Les conseillers municipaux, presque tous étrangers à la petite ville de Solignac, donnent la préférence, dans leurs votes et leurs allocations, à leur église paroissiale du Vigen. D'autre part, les ressources de la fabrique de la *paroisse* de Solignac sont plus qu'absorbées par l'entretien de la toiture de leur église, toiture dont la surface a plus de *trois mille cinq cents mètres carrés de développement !*

été sculptées au milieu du XVe siècle. Un fait péremptoire à défaut d'autres preuves suffirait pour en convaincre. Au nombre des statuettes qui les décorent, se trouve celle d'un pape dont la tête est couverte de la tiare à triple couronne. Or, l'on sait que la troisième couronne fut ajoutée aux deux autres par le pape Benoît XII, qui fut élevé au souverain pontificat en 1334. Les miséricordes sont ornées de figures bizarres entre lesquelles nous citerons seulement un moine à oreilles d'âne et un âne vêtu en moine et prêchant. On voit que la caricature est vieille en France. D'ailleurs, les historiens sont formels; toute cette boiserie est encore un don de l'abbé Bony de Lavergne.

Monastère.

Les bâtiments du monastère, parallèles à l'église, ne sont remarquables que par leur étendue et leur aspect monumental. La façade a près de 93 mètres de longueur ; elle se développe sur une terrasse qui domine la Briance et la vallée. La beauté du site n'a pas changé depuis saint Eloi. La rivière roule toujours ses eaux dans une plaine dont l'aspect riant contraste avec la couleur sombre des rochers qui la bornent au midi ; mais les arbres séculaires sont tombés, et à leur place un gazon épais s'étend jusqu'au pied des collines autrefois couvertes de vignes, que des cultures variées remplacent aujourd'hui.

L'intérieur du monastère répond à d'aussi beaux dehors ; des salles vastes et bien distribuées occupent toute l'étendue de l'édifice, et leurs voûtes sonores font penser à la puissante main qui les éleva ; mais toutes ces choses ont le tort d'être modernes. Après les dévastations des calvinistes, l'abbaye avait été rebâtie au commencement du XVIIe siècle ; elle n'avait conservé de ses premières constructions qu'un cloître circulaire que la révolution a renversé le jour où elle transforma la maison de prière en maison d'arrêt.

Lorsque les temps furent plus calmes, des religieuses y établirent un pensionnat; leur pauvreté les en chassa bientôt, et après divers essais les bâtiments ont été transformés en fabrique de porcelaine. Nous souhaitons aux successeurs des ouvriers *habiles dans plusieurs métiers,* la foi patiente et puissante de saint Rémacle et de saint Théau.

TEXIER *(Mss,* 1836.)

Chute du clocher de Solignac (**1783**).

Le 29 mars 1783, environ sept heures et demie du matin, le côté nord-ouest du clocher de l'abbaye des Bénédictins de Solignac s'est écroulé dans l'étendue d'environ 20 pieds de large sur 35 à 40 d'élévation. Cette masse a entraîné dans sa chute les vastes greniers de l'abbaye qui se trouvaient au-dessous, et après avoir pénétré dans le cellier, qu'elle a écrasé avec les tonneaux propres à recevoir la vendange, elle a enfoncé une voûte et a comblé une cave vide qui était au-dessous. Le reste du clocher menace tellement ruine qu'on n'a voulu permettre à aucun ouvrier d'y monter pour en constater l'état. Cet accident a attiré tous les habitants de Solignac et des environs, et tous s'empressent de donner du secours aux Religieux. Mais les Bénédictins ont arrêté le courage officieux de leurs vassaux, en leur disant qu'ils préféraient perdre totalement les deux mille setiers de blé que cette chute a mêlé aux décombres, plutôt que s'il arrivait le moindre mal à personne. L'activité des habitants de Solignac et l'attention des Bénédictins pour veiller aux besoins de ces vigilants ouvriers font l'éloge des vassaux, comme de ces bons Seigneurs. On évalue à deux cent mille livres la perte et les frais que causeront la démolition et la reconstruction des bâtiments et du clocher.

(*Feuille Hebd*, 1783.)

Ces articles sur Solignac ayant paru dans *l'Echo du Palais*, la note citée au bas de la page 51 nous a valu l'honneur de recevoir la lettre suivante :

Solignac, le 6 août 1851.

Monsieur le Rédacteur,

Dans le numéro de votre journal daté des 23 et 24 juillet, il a été inséré une note calomnieuse et blessante pour la majorité du conseil municipal de Solignac. Nous venons en notre nom et au nom de tous les conseillers qui forment la 2me et 3me section de ce conseil, donner un démenti formel à l'insinuation malveillante et mensongère contenue dans ledit article.

Nous défions qui que ce soit d'établir qu'aucune allocation ait été faite en faveur de l'église du Vigen au préjudice de celle de Solignac. Nous avançons même que depuis plus de vingt ans il n'a pas été alloué un centime.

Nous espérons que vous serez assez juste, Monsieur, pour relever, dans votre prochain numéro, l'inexactitude de l'injustice qui nous est attribuée.

La note est au bas du verso de la première page.

Agréez, etc.

DONNET, *maire ;* THOMAS ; MASSALOUX-SAVERGNAC, *adjoint.*

Nous ne pensions pas, en insérant cet article, publier une *note calomnieuse et blessante pour la majorité du conseil municipal de Solignac.* A Dieu ne plaise que nous ayons jamais l'intention de *calomnier,* voire même de *blesser* ce corps respectable ! Comment aurions-nous pensé qu'une note imprimée depuis plusieurs années avant la nomination du conseil municipal actuel, pût le *blesser* le moins du monde ? Toutefois, nous accueillons avec joie le *démenti formel* donné à une *insinuation* que l'on a crue *malveillante* et qu'on a qualifiée de *mensongère.* Nous nous plaisons à reconnaître *l'inexactitude de l'injustice* que cet article *attribuerait* au conseil municipal actuel de Solignac, si cet article était dirigé contre lui.

On l'aurait donc indignement calomnié en disant qu'il aurait alloué quelques fonds en faveur de l'une des deux églises de la commune : et la preuve, c'est que « *depuis plus de vingt ans, il n'a pas été alloué un centime !* »

Nous regrettons, Messieurs, que vous révéliez de pareils faits pour vous justifier. Eh quoi ! vous avez à Solignac une église que les étrangers vont visiter ; une église dont le style est vanté par les connaisseurs ; la seule église à coupoles que possède le Limousin ; vous avez un monument qui se lézarde et tombe en ruine faute de réparations, et, *depuis plus de vingt ans, vous n'avez pas alloué un centime !*

L'auteur de l'article que vous incriminez a fait plus que vous : Au congrès archéologique de Limoges, en 1847, il obtint, de la Société Française, une allocation qui a servi à consolider les murailles de votre église et à réparer sa toiture ; et vous, *depuis plus de vingt ans, vous n'avez pas alloué un centime !*

A la vérité, vous avez fait des démarches, — je le sais, — pour obtenir que votre église fût classée parmi les monuments historiques ; mais vous n'avez fait que des démarches. Si vous eussiez alloué quelques *centimes* additionnels pour couvrir les premiers frais de l'architecte qui aurait levé le plan de votre église, elle serait aujourd'hui classée au nombre des monuments. Le gouvernement se serait rendu au vœu émis, sur ce point, par le congrès de Limoges, en 1847 ; vous auriez obtenu une somme considérable qui, en rendant à votre église son ancienne beauté, eût donné du travail à vos ouvriers ; mais rien de cela n'est fait, parce que, *depuis plus de vingt ans, il n'a pas été alloué un centime !*

Que pensera-t-on, au loin, de votre goût pour les arts et de votre zèle pour la conservation de vos monuments ? Que diront les étrangers qui ont visité votre église, les touristes qui l'ont dessinée, les antiquaires qui l'ont étudiée, les archéologues qui l'ont décrite ? Que diront les artistes de l'Europe savante, quand ils sauront que, *depuis plus de vingt ans, vous n'avez pas alloué un centime* pour conserver au Limousin un de ses plus remarquables monuments ?

ARBELLOT.

TABLE DES MATIÈRES.

pag.

Description de Châlusset, par M. Mérimée...................... 1

Autre description, par M. Félix de Verneilh.................... 10

Histoire et description, par M. Allou........................ 15

Fondation de Châlusset..................................... 20

Prise de Châlusset (1270)................................. 21

Châlusset vendu à Gérald de Maumont (1272)................. 23

Les brigands à Châlusset (1380)............................ 23

Perrot le Béarnais s'empare de Châlusset (1381)............. 24

Perrot le Béarnais sort de Châlusset (1393)................ 25

Brigandages des bandits de Châlusset (1438)................ 26

Occupation de Châlusset par les Huguenots (1574)........... 26

Les Huguenots chassés de Châlusset (1577).................. 27

Démolition du château de Châlusset (1593)................. 29

Prise de Montferrand par les compagnons de Châlusset (1387)..... 30

Expédition de Perrot le Béarnais.......................... 41

Guerre entre Châlusset et Pierre-Buffière (1424)........... 45

Congrès archéologique à Châlusset (1847).................. 47

Eglise de Solignac.. 49

Vitraux de Solignac....................................... 50

Stalles du chœur.. 51

Monastère.. 52

Chute du clocher.. 53

Limoges, imp. d'ARDILLIER Fils, rue du Consulat, 14.

www.ingramcontent.com/pod-product-compliance
Lightning Source LLC
LaVergne TN
LVHW022031080426
835513LV00009B/972